GTB
Gütersloher Taschenbücher
1570

Susanne Poltrock,

geb. 1969, Hebamme, ausgebildete Trauerbegleiterin,
Studium der Germanistik und Philosophie
in Düsseldorf und Bielefeld.

Von A wie Advent bis Z wie Zimtsterne

Ein kleines Weihnachts-ABC

Herausgegeben
von
Susanne Poltrock

Gütersloher Verlagshaus

Originalausgabe

Die Deutsche Bibliothek - CIP-Einheitsaufnahme
Von A wie Advent bis Z wie Zimtsterne : ein kleines Weihnachts-ABC /
hrsg. von Susanne Poltrock. – Orig.-Ausg. – Gütersloh :
Gütersloher Verl.-Haus, 2002
(Gütersloher Taschenbücher : 1570)
ISBN 3-579-01570-2

ISBN 3-579-01570-2

Umschlaggestaltung: Init GmbH, Bielefeld
Satz: Buch-Werkstatt GmbH, Bad Aibling
Druck und Bindung: Elsnerdruck GmbH, Berlin
Gedruckt auf chlorfrei gebleichtem Werkdruckpapier
Printed in Germany

Besuchen Sie uns im Internet: http://www.gtvh.de

Liebe Leserin, lieber Leser!

Weihnachten – das Fest der Stille und Friedfertigkeit. Wir erwarten mit Spannung den Heiligen Abend und freuen uns auf ein gemütliches Beisammensein. Vor der Gemütlichkeit steht jedoch bei vielen Menschen noch die Hektik: Vorbereitungen wollen getroffen, Weihnachtskarten geschrieben und letzte Geschenke besorgt werden. So müssen wir uns ganz bewusst Zeit für Augenblicke der Ruhe und Besinnlichkeit nehmen.

Meine Auswahl kommt dieser vorweihnachtlichen Geschäftigkeit sehr entgegen. Sie bietet neben kurzen unterhaltsamen Erzählungen und Gedichten für jeden Tag ein zentrales Thema, das in die Advents- und Weihnachtszeit hinein gehört. So sind Sie nicht an eine vorgegebene Reihenfolge gebunden und müssen auch nicht eine längere »Lesezeit« einplanen. Wählen Sie doch individuell Ihren persönlichen Buchstaben für den Tag. Lesen Sie morgens das Gedicht und den sachlichen Teil und abends die Geschichte oder umgekehrt.

Lassen Sie sich überraschen und einstimmen auf das Weihnachtsfest mit den folgenden 24 Themen:

Advent, Barbaratag, Christkind, Drei Heilige Könige, Engel, Frieden, Glocken, Hirten, International, Jesus, Krippe, Licht, Maria, Nikolaus, Ochs und Esel, Plätzchen, Ruprecht, Stern, Tannenbaum, Überraschung, Verwandte, Weihnachten, Xmas, Zimtsterne.

Susanne Poltrock

1 Advent

Advent, Advent, ein Lichtlein brennt.
Erst eins, dann zwei, dann drei, dann vier,
dann steht das Christkind vor der Tür.

Zum Thema

Was hat es denn nun wirklich auf sich mit der Adventszeit, dem dazugehörigen Kalender, dem Kranz und seinen vier Kerzen? Natürlich ist der Advent neben dem Beginn des Kirchenjahres die Vorbereitungszeit auf die Geburt Jesus Christus. Papst Gregor der Große hat sie im Jahre 600 n. Chr. geregelt und auf die Dauer von vier Sonntagen ausgehend vom 26.11. festgelegt. Die Christen sollen still werden, sich auf die Größe des Ereignisses konzentrieren, büßen und fasten. Die Symbolzahl vier spiegelt sich in den Kerzen, die die Adventssonntage auf dem Adventskranz repräsentieren, wider. Sie stellen die vier Jahrtausende dar, die

laut Bibel die Menschheit von der Erschaffung der Welt auf die Geburt des Erlösers warten musste.
Der Kranz entstand um 1833 in dem Rauhen Haus, einem Jugendasyl des als Gründer der Inneren Mission bekannten Pfarrers Johann Hinrich Wichern in Hamburg. Die jungen Leute hielten zu jedem Adventssonntag eine Kerzenandacht, wobei sie zunächst an jedem Ende des Kreuzes eine Kerze befestigten, das Symbol für Jesus Christus. Später benutzten sie den Kronleuchter der Einrichtung, den sie schließlich mit Tannengrün, dem Symbol für Hoffnung, schmückten.

Der Adventskalender hat eine weniger christliche Tradition. Und das wissen die Eltern heutzutage ebenso gut wie die Eltern des 19. Jahrhunderts, die kreativ und individuell erste Formen des Adventskalenders erdachten. Alles, was abzählen half, galt. Kreidekreise auf der Wand, die abgestrichen oder weggewischt wurden, Strohhalme, die in die Krippe gelegt wurden, schließlich Bilder, die aufgehängt wurden oder Gebäck, das aufgegessen werden durfte.

1908 erschien der erste kommerzielle Kalender. Ein Bastelbogen gab 24 Bilder vor, die die Kinder auf einen speziellen Pappkalender aufkleben konnten. 1946 erschien der erste Nachkriegskalender und in den sechziger Jahren des 20. Jahrhunderts der erste Schokoladenkalender.

Advent

Advent –
das heißt:

Wachsam sein und erwarten,
dass etwas Neues geschieht,
Begegnung stattfindet,
die das Herz berührt,
und das Leben
von innen her verwandelt.

Advent –
das heißt:

Zukunft steht offen,
auch jenseits der Tränen
wird liebendes Lächeln möglich
und durch Schmerzen hindurch
kann neue Hoffnung geboren werden.

Advent –
das heißt:

Heil ist nahe.
Trotz aller Zerrissenheit
in Herz und Seele
wird Ganzheit erwachsen,
die Erfüllung verspricht.

Christa Spilling-Nöker

Barbaratag

Am Tage von Sankt Barbara

Am Tage von Sankt Barbara,
da geht das Jahr zur Neige.
Dann trag ins Haus, von fern und nah,
die kahlen Kirschbaumzweige.

Am Tage von Sankt Barbara
stell Zweige in Dein Zimmer!
Dann lacht zur Weihnacht, hier und da,
ein weißer Blütenschimmer.

James Krüss

Zum Thema

Sankt Barbara, die Schutzheilige der Architekten, Bau- und Bergarbeiter, des Militärs und der Feuerwehr, der römisch-katholischen wie auch der griechisch-orthodoxen Kirche. Sie wird überall mit dem Aufstellen von Kirschzweigen am 4. Dezember gefeiert, die bis zur Weihnacht aufblühen sollen. Dieses gilt als Symbol für das Leben des Erlösers, aber auch als gutes Omen für eine reiche Ernte oder Heirat.

Barbara war eine reiche, griechische Kaufmannstochter aus Nikomedien, dem heutigen, türkischen Izmit, im dritten Jahrhundert. Gegen den Willen ihres heidnischen Vaters, der sie eifersüchtig von der Außenwelt fern hielt, ließ sie sich taufen. Ihr Vater lieferte sie der wütenden Christenverfolgung aus und als sie auch unter grausamster Folter nicht vom christlichen Glauben abließ, brachte er sie eigenhändig durch das Schwert um.

Sie zählt zu den wenigen Nothelfern und gilt als besonders wirkungsvolle Fürbittenhelferin. Unzählige Legenden um Sankt Barbara machen deutlich, dass sie für viele Menschen eine besondere Heilige ist.

Barbaratag

von Ingeborg Drewitz

Am Barbaratag Kirschzweige schneiden, damit sie am 24. Dezember blühen – in meiner Kindheit habe ich davon nichts gewusst. Noch immer habe ich nicht die Ursache der völligen Abwendung von traditionellen Bräuchen in meiner Familie ergründen können, kann nur vermuten, dass die Zuwandererfamilien meiner Voreltern durch die Armut, die sie gekannt hatten, durch ihre flüchtige Berüh-

rung mit dem Sozialismus, durch die Viertelbildung, die sie sich neben der Arbeit erschlossen hatten, jene Scheu in sich hatten aufkommen lassen, die sie jeder Gefühlsäußerung gegenüber hatten. Vielleicht war es auch die Scheu, irgend, was auf ländliche Herkunft hätte schließen lassen, auch nur zu erinnern. So habe ich erst als Erwachsene von dem schönen Brauch gehört und ihn mit meinen Kindern zusammen wieder aufgenommen. Ich seh' uns bei Schneegestöber nach Kirschbäumen in den Laubengärten suchen, überhängende Zweige ausmachen, um sie bei einbrechender Dunkelheit gleich zu finden, noch ehe der Haupteingang der Laubenkolonie abgeschlossen würde. Ich seh' mich mit den Zweigen unterm Mantel heimkommen, die Kinder in die Küche holen, ihnen die Anschnitte zeigen, ihre Finger die Feuchte spüren lassen, den Saftdruck, der im November einsetzt, ich seh' uns die Zweige ordnen, die Knospen zählen. Und wie wir das zögernde Anschwellen der Knospen beobachten von Tag zu Tag. Ein bisschen schlechtes Gewissen war schon dabei, aber ich hatte nachgelesen, dass das Obst geschnitten werden muss. Über die heilige Barbara hatte ich nichts nachgelesen. Es genügte uns das Wunder des Erblühens, Jahr für Jahr. Mal schnitt ich die Zweige bei schneidender Kälte, mal bei Regen. Und im Aprilmai prüften wir auf unsern Spaziergängen, ob die Kirschbäume uns nichts nachtrugen. Und im Juli gingen wir in die Laubenkolonie, um Kirschen zu kaufen. »Wenn Sie wollen, können Sie im Dezember rings um den Baum schneiden. Was draußen überhängt, ist doch zu zufällig!« Ich sah den Mann an, der seine Kirschen in Spankörben ausgestellt hatte. Der hatte mich also doch beobachtet.

»Na, wer'n Se ma nich rot, junge Frau. Klar kenn ich Sie. Komm' Se ruhig über Tag, wenn wieder Dezember is.«

Gegen so viel Freundlichkeit brauchte ich keine Ausrede. Und die wäre mir auch gar nicht eingefallen. Der Mann hängte den Kindern Kirschen über die Ohren. Und im Dezember sind wir alle hingegangen. Die Laube war überheizt, in die er uns einlud, und Holzgeschnitztes hatte er für die Kinder, auch Pfefferkuchen.

»Ich bin Witwer«, sagte er. »Und meine Jungs, naja, die war'n so etwa Ihr Jahrgang. Darum bin ich allein.« Er zeigte uns den Komposthaufen; und dass da ein Igel überwinterte, machte die Kinder neugierig. Aber das ginge nicht, den stören. »Kommt im Frühjahr, wenn so'n richtiger warmer Sonnentag ist. Da schlabbert er die Milch aus der Schüssel.«

Wir haben ihn immer wieder besucht, im Junijuli und am 4. Dezember und im Frühjahr, bis die Laubenkolonie aufgelassen wurde und die Bagger sich ins Gelände fraßen. Da ist denn auch der Kirschbaum, den er aufgepfropft hatte, um ihn zu veredeln, mit in die Greifer geraten. Wir haben dem Mann noch geholfen, den eisernen Ofen auf den Handwagen zu heben. Wir haben dann nie mehr von ihm gehört, obwohl er eine Postkarte versprochen hatte »aus'm Westen, wenn ich da erst wieder 'n Kirschbaum hab'«.

3 Christkind

Vom Christkind

Denkt euch,
ich habe das Christkind gesehen!
Es kam aus dem Walde,
das Mützchen voll Schnee,
mit rotgefrorenem Näschen.
Die kleinen Hände taten ihm weh;
denn es trug einen Sack,
der war gar schwer,
schleppte und polterte hinter ihm her.
Was drin war, möchtet ihr wissen?
Ihr Naseweise, ihr Schelmenpack,
meint ihr, er wäre offen, der Sack?
Zugebunden bis oben hin!
Doch war gewiss was Schönes drin;
es roch so nach Äpfeln und Nüssen.

Anna Ritter

Zum Thema

Ursprünglich von Martin Luther einmal als protestantisches Gegenbild zum katholischen Heiligen Bischof, dem Nikolaus, gedacht, der an seinem Namenstag die Kinder beschenkt, erschien das Christkind ebenfalls am 6. Dezember. Zunächst war es ein engelgleicher Gabenbringer. Doch schon bald wurde aus dem erwachsenen Engel eine kindliche Engelgestalt, die deshalb meistens mit dem Jesuskind verwechselt wird und folglich am 24. Dezember erschien. In jedem Fall aber beschenkt es heute wieder alle – katholische wie evangelische – Kinder.

Das Christkind

Die Nacht vor dem Heiligen Abend,
da liegen die Kinder im Traum.
Sie träumen von schönen Sachen
und von dem Weihnachtsbaum.

Und während sie schlafen und träumen,
wird es am Himmel klar,
und durch den Himmel fliegen
drei Engel wunderbar.

Sie tragen ein holdes Kindlein,
das ist der Heilige Christ.
Es ist so fromm und freundlich,
wie keins auf Erden ist.

Und wie es durch den Himmel
still über die Häuser fliegt,
schaut es in jedes Bettchen,
wo nur ein Kindlein liegt.

Es freut sich über alle,
die so fromm und freundlich sind,
denn solche liebt von Herzen
das liebe Himmelskind.

Heut schlafen noch die Kinder
und sehen es nur im Traum.
Und morgen tanzen und springen
sie um den Weihnachtsbaum.

Robert Reinick

Drei Heilige Könige

Zum Thema

Die Drei Heiligen Könige sind nachweisbar weder drei noch heilig gesprochen noch Könige und ihre Namen Kasper, Balthasar und Melchior sind auch nicht belegbar.
Was also ist im Zusammenhang mit ihnen überhaupt richtig?
Ihre Bedeutung. Ihr Erscheinen soll uns sagen, dass es auch zur Zeit der Geburt Christi schon Menschen gab, die den Erlöser erkannt und anerkannt haben. Sie werden mit der christlich so wichtigen Dreieinigkeitsymbolik verknüpft, um die »Magie« des Geschehens zu verdeutlichen. Zwar sind sie nicht im kirchlichen Sinne »heilig«, aber auf alle Fälle im christlichen, weil sie ein Hauch des Heiligen streifte. Ihre Anerkennung zeigt, dass jeder diesem Kind gibt, was er hat: Ochs und Esel ihre Wärme, die Hirten teilen ihr täglich Brot und die Könige bringen edle Prestigegüter. Sie werden als Könige bezeichnet, Astronomen, Gelehrte, Waise, Stammesführer, Autoritäten, Repräsentanten, herausragende Persönlichkeiten mit wichtigen Aufgaben und einem

besonderen Wissen. Sie bilden den Gegenpol zu den bodenständigen Hirten, die die Besonderheit der Geburt intuitiv erfassen. Und schließlich: Ist nicht jeder ein König, der diesem Ereignis beiwohnen kann? Auch wir noch gut 2.000 Jahre nach dieser Nacht?

Die Heiligen Drei Könige

Die Heiligen Drei Könige, die großen Herrn,
die nachgezogen dem Winterstern,
in deutschem Land ist ein goldener Schrein,
der birgt zu erhabener Ruh ihr Gebein.

Von der großen Wanderschaft ruhn sie aus,
um die sie ließen Habe und Haus.
Gewaltiger Stern! Da er ihnen erschien
Und ihr Herz verwandelt, erkannten sie ihn.

Da brechen sie auf, da ziehn sie von dann',
sie wissen kein Wo, sie wissen kein Wann,
sie finden einander, o Glück hoher Art,
da sich jedem bekräftigt die Wanderfahrt!

Verheißung ernährt sie überall,
sie finden das Dörflein, sie finden den Stall.
Sie finden das Kripplein, sie finden das Kind.
Gott, gib, dass so jeder Suchende find'!

Max Mell

A B C D E F G H I J K L

Wie die drei Waisen aus dem Morgenlande es allen Schwierigkeiten zum Trotze doch noch rechtzeitig bis zum Stall in Bethlehem schafften

von Sybille Mertens

Die fetten Kamele jaulten gequält auf, und der Galoppometer zitterte bedenklich um die 60-Meile-Marke. Quietschend gingen die hellbraunen Trampeltiere in die Steilkurve der Wüstenpiste. »Balthasar«, mahnte Kaspar, der auf dem zweiten Kamel saß, zum x-ten Male den Vorreiter, »gib mehr Stoff. Wir schaffen's sonst nie! Das wird ein Riesenreinfall!« Balthasar grinste müde und presste den Treibschenkel fester in die Weichen seines Reittieres. »Hast wohl Schiss, Alter, was?« »Mann«, erwiderte Kaspar, »das hat doch nix mit Schiss zu tun. Ist nur 'ne Überlebensfrage. Ich möchte gern in die biblische Weihnachtsgeschichte eingehen. Er ist jetzt ganz dicht vor uns. Siehst du ihn?«

Er deutete auf den blendend blauen zuckenden Stern, der groß jenseits des Grenzübergangs zu sehen war.

»Seh' ich doch locker ohne Pupille«, erklärte Balthasar und gab seinem Kamel so heftig die Peitsche, dass dieses mitten im Galopp einen ungetümen Satz machte, der Balthasar fast aus den Höckern gehauen hätte.

Melchior, der Schlussmann der kleinen Karawane, sagte gar nichts, obwohl er genauso wie Kaspar dachte, sondern keuchte nur schwer. Der lange Ritt nahm ihn körperlich mit.

Nur wenige Stadien vor ihnen und etwa 120 Klafter tiefer leuchteten zahlreiche Lichter in der Dunkelheit. Vor einer knappen halben Stunde bereits hatten sie die beiden Schilder mit den Hinweisen »Noch 15 Meilen bis Bethlehem« und »Zum Toten Meer rechts einordnen« passiert. Unumstößliche Tatsache war, dass die Zeit drängte. Den Vorhersagen und ihren eigenen, gemeinhin recht zuverlässigen Berechnungen nach, musste es jeden Augenblick passieren. Ein Indiz dafür war, dass der blendend blaue Stern intensiver zuckte und pulste, gerade so, als litte er unter himmlischen Wehen und sei kurz vorm Kreißen.

Unvermittelt sahen sich die drei Weisen, die interessanterweise auch noch Waisen waren – was sinnigerweise nicht überliefert wurde –, nach dem Überreiten einer Wanderdüne mit einem Meer lodernder Fackeln konfrontiert, die drei gewaltigen, gesenkten Schlagbäume, eine ebensolche Anzahl von Wachhäuschen sowie eine daneben befindliche Wachstation erleuchteten.

»Willkommen in der Zählstadt Bethlehem, Kreis Judäa!« stand da in lateinischen und hebräischen Buchstaben auf einem Schild. Und auf einem anderen: »Achtung! Noch zwei Stadien bis zur Grenze! Ausweispapyri bereithalten!« Der Andrang der Menschenmassen an Schlagbäumen und Wachstation war unglaublich. Ein akustisches Gewölk von Geschrei, Gewieher, Gejaule, Gesumm und Gebrumm empfing die drei herangaloppierenden Weisen.

Ohne Vorankündigung zügelte Balthasar sein Kamel. In letzter Sekunde nur konnten Kaspar und Melchior ein Aufreiten verhindern, indem sie seitlich auswichen. Die beiden fluchten unschön und schauten ihren Vorreiter vorwurfsvoll fragend an.

A B C D E F G H I J K L

»Da kommen wir doch nie durch! Machen wir lieber kehrt!« meinte Balthasar resignierend, was überhaupt nicht zu seiner Art passte.

»Wieso?« wollte Melchior wissen.

»Na, sieh dir doch mal die Warteschlange an!« Balthasar deutete auf den rechten Schlagbaum, neben dem das Schild »Morgenländer hier einreiten!« stand, und die davor befindliche Schlange. »Bis wir abgefertigt sind, ist alles vorbei!« »Oh, ja«, meinte Melchior betrübt und senkte zerknirscht sein turbangekröntes Haupt. »Das hätten wir natürlich vorhersehen müssen.«

»Ich hab's vorhergesehen«, erklärte Kaspar beschwichtigend, »und deshalb Vorsorge getroffen. Lasst mich nur machen.«

Er griff in eine seiner Satteltaschen und entnahm ihr drei große Umhängeschilder, auf denen in Hebräisch und Lateinisch »VIP« geschrieben stand. Zwei davon reichte er seinen Begleitern. »Hängt sie euch um.«

Balthasar und Melchior wechselten einen erstaunten Blick, befolgten aber Kaspars Anweisungen, der sich nunmehr an die Spitze der kleinen Karawane setzte und auf besagten Schlagbaum zutrabte. Im Vorbeireiten sahen die drei, dass die Warteschlange an dem mit »Römer hier einreiten« beschilderten Durchlass am kürzesten, die an dem mit »Judäer hier einreiten« markierten am längsten war.

Die Massen wichen zunächst mürrisch und erbost, dann aber ehrfurchtsvoll beiseite, als sie erkannten, was auf den Schildern der drei Weisen stand, die an ihnen vorbeidrängten.

»Heil, Augustus! Halt!« brüllte der römische Legionär neben dem Schlagbaum und hob drohend seinen Speer. »Vordrängeln gibt's nicht! Stellt Euch an, wie alle anderen auch!«

Kaspar deutete mit gewichtiger Miene auf sein »VIP« Schild. »Heil, Augustus! Könnt Ihr nicht lesen, guter Mann?« fragte er.

»Natürlich«, erwiderte der Angesprochene gekränkt, doch zugleich sichtlich beeindruckt. »Das muss ich wohl übersehen haben. Verzeiht.« »Schon gut, schon gut«. Kaspar winkte ab. »Dürfen wir passieren?«

»Die Formalitäten müsst Ihr schon über Euch ergehen lassen, edle VIP-Herren«, erwiderte der Legionär nunmehr freundlicherer Miene. »Habt Ihr die Papyri zur Hand? Welches ist der Zweck Eures Besuches? Seid Ihr beruflich oder als Touristen hier? Habt Ihr anmeldepflichtige Waren bei Euch?« Er schaute die drei Weisen fragend an. Die reichten ihm zunächst ihre Ausweispapyri. »Ah«, meinte der Legionär, nachdem er einen kurzen Blick darauf geworfen hatte, »interessant. Bei Euch allen ist die Berufsbezeichnung ›Weiser aus dem Morgenlande‹ eingetragen‹. Er musterte die drei plötzlich unterwürfig. »Seid Ihr etwa diese berühmten Wahrsager ...?« Er beendete den Satz nicht, sondern geriet ins Sinnen.

»Aber gewiss doch, guter Mann«, sagte Balthasar ungeduldig. »Es steht ja da. Nun lasst uns endlich passieren. Wir sind in Eile!«

Der Legionär reichte ihnen langsam die Papyri zurück und stützte sich auf seinen Speer »Ihr wisst gewiss, edle Herren«, meinte er dann. »dass – VIP

A B C D E F G H I J K L

hin, VIP her – hier Rom das Sagen hat. Ich muss also auf der Einhaltung der Einreiseformalitäten bestehen.« »Na schön«, erklärte Kaspar. »Zweck unseres Besuches ist die Anbetung eines Kindes mit gleichzeitiger Übergabe von Geschenken. Woraus sich wohl von selbst ergibt, dass wir aus beruflichen Gründen hier sind. Und anmeldepflichtige Waren haben wir nicht. Genügt das als Auskunft?« »Geschenke?« Der Legionär runzelte die Stirn. »Und doch keine anmeldepflichtigen Waren? Hmm!« Er lehnte seinen Speer ans Wachhäuschen, nahm den Helm ab und kratzte sich ebenso verunsichert wie verlegen den Schädel. »Wenn Ihr's genau wissen wollt«, meldete sich ungehalten Balthasar, der wieder ganz der alte war, zu Worte, »wir führen nur die üblichen zollfreien Mengen von Weihrauch, Myrrhe und Gold mit. Überzeugt Euch doch selbst, wenn Ihr uns nicht glaubt! Macht schon, denn sonst werden wir bei Eurem Vorgesetzten eine Beschwerde einreichen, die Euch ein halbes Jahr Galeere einbringen kann, wie Ihr Euch wohl denken könnt.«

Der Legionär verneigte sich und griff zur Kurbel des Schlagbaums um diesen hochzudrehen. »Verzeiht, verzeiht, edle Herren! Natürlich dürft Ihr passieren!« rief er. »Ich dachte nur, dass Ihr, da Ihr so weise seid, einem bescheiden besoldeten Legionär einen heißen Tipp geben könntet«; fügte er hinzu und sah die drei Weisen fast flehentlich bittend an, die ihre Kamele zu treiben begannen. »Was für einen Tipp?« fragte Melchior, der sich wieder ans Ende der kleinen Karawane gesetzt hatte, in einem aufwallenden Gefühl von Mitleid für den römischen Besatzer.

»Ich wüsste gern die Lottozahlen der Weihnachtsausspielung«, sagte der Legionär. »Wenn ich sechs Richtige hätte, könnte ich *endlich in Pension gehen. Am Tag vor Heiligabend ist Annahmeschluss.«*

Melchior hielt sein Kamel an. »Wenn's weiter nichts ist.« Er schaute zu dem blendend blauen zuckenden Stern hinüber, der jetzt über einem abbruchreifen Stall verweilte, und schloss kurz die Augen. »Die sechs Gewinnzahlen für Euch zum Mitschreiben«, meinte Melchior dann gönnerhaft und fuhr fort: »Sieben, acht, neun, zehn, zwölf, vierundzwanzig. Und die Zusatzzahl ist Null.« »Ich danke Euch, edler Herr«, jauchzte der Legionär, der die Zahlen eifrig notiert hatte, überschwänglich, dieweil Melchior seinem Kamel die Sporen gab. »Das werde ich Euch nie vergessen!«

»Melchior!!!« brüllten Kaspar und Balthasar, die schon weitergeritten waren, unisono, »Nun komm endlich!«

»Ich komme ja schon«, rief Melchior ihnen zu.« Und an den Legionär gewandt sagte der im Angalopp: »Dankt mir lieber nicht, guter Mann. Annahmeschluss war nämlich gestern. Heute ist Heiligabend!«

5 Engel

Zum Thema

Boten des Himmels, Beschützer von Leib und Seele. Von kindlichen Putten über keusch verhüllte Mädchen bis zum maskulinen, güldenen Geistwesen, von geschlechtslos bis erotisch, ganze himmlische Hierarchien und ein eigener Wissenschaftszweig – jedem seinen Engel.

Und besonders zu Weihnachten, wenn sie zu uns aus einer anderen Sphäre von Frieden und Verheißung sprechen, wenn sie uns liebevoll durch Einkaufshektik und Weihnachtsdepression begleiten und uns in Wärme und Geborgenheit hüllen, denken wir gern über sie nach. Wenn es uns in dieser Zeit gelingt, sie zu hören, warum gelingt es uns dann nicht den Rest des Jahres?

Der Engel

Mit einem Neigen seiner Stirne
weist er weit von sich was einschränkt
und verpflichtet; denn durch sein Herz
geht riesig aufgerichtet
das ewig Kommende das kreist.

Die tiefen Himmel stehn ihm voll Gestalten,
und jede kann ihm rufen: komm, erkenn –.
Gieb seinen leichten Händen nicht zu halten
aus deinem Lastenden. Sie kämen denn

bei Nacht zu dir, dich ringender zu prüfen,
und gingen wie Erzürnte durch das Haus
und griffen dich als ob sie dich erschüfen
und brächen dich aus deiner Form heraus.

Rainer Maria Rilke

A B C D E F G H I J K L

Wie Engeln Flügel wachsen

von Peter Härtling

Haben alle Engel Flügel?, frage ich meinen Engel, der mich gestern besuchte.

Ja, sagt er. Aber nicht alle Engel können fliegen.

Wieso nicht? Wenn sie schon Flügel haben?

Es kommt darauf an, wer ihnen die Flügel wachsen lässt, sagt mein Engel. Schau mich an!

Ich musterte ihn und bin verblüfft. Du hast ja gar keine Flügel. Wie kann ich dann darauf kommen, dass du ein Engel bist?

Er lächelte mich ein klein bisschen spöttisch an. Selbstverständlich habe ich Flügel. Aber erst, wenn du an mich denkst, wenn ich dir im Traum erscheine.

Durch meine Gedanken wachsen dir Flügel?

Ja. Er nickt eifrig und aufmunternd.

Also darfst du nicht da sein, damit die Flügel aus den Achseln sprießen.

So ist es.

Ich muss fort sein und von deinen Gedanken getragen werden, deiner Sehnsucht nach mir.

Weil ich dich mag, Engel, sage ich und versuche ihn zu umarmen.

Doch er ist schon fort und alle meine Gedanken hasten ihm nach. Jetzt fliegt er, mein Engel, denke ich.

Frieden

Zum Thema

Frieden auf Erden!
Ein Wunsch, der heute so aktuell ist wie eh und je. Wie lange haben wir gedacht, in einer »Blase«, wenn auch rauer, so doch ewig friedlicher Zeiten zu schweben? Aber das haben nur wir gedacht, denn da gab es bereits über 40 Kriegsherde auf der ganzen Welt. Und seit dem 11. September 2001 nun denkt das auch hier niemand mehr.
Um so wichtiger ist es, traditionelle Friedensfeste aller Nationen und Religionen einzuhalten und zu feiern, um Menschen einen geschützten Raum zur Sammlung, Kontemplation und Meditation zu geben und innere Ruhe und inneren Frieden zu gewinnen. Aus dem Gefühl von Frieden kann schließlich der sichtbare, äußere Frieden entstehen.

6

Frieden

Frieden, Frieden will ich rufen,

dass der Stern von Bethlehem
nicht nur vor zweitausend Jahren,
als die Weisen aus dem Morgenland
in dem Stall und an der Krippe waren,
Dunkelheit mit seinem Licht erhellt,

sondern dass die Waffen heute schweigen
und kein Mensch mehr
um Gewalt und Hunger weiß,
dass die Mächtigen
sich vor den Schwachen neigen,
und es endlich Frieden wird in dieser Welt,
der für alle Zeiten hält.

Frieden, Frieden will ich rufen,

dass der Stern auch heute
in dir aufgeht und mit hellem Licht
deine Angst und Trauer, Schmerz und Schuld
ein für allemal durchbricht
und jetzt ruhen kann, was gestern war,

dass sich deine Sehnsucht endlich stillt
und sich auf geheimnisvolle Weise
in der Zukunft auch dein Lebenstraum erfüllt.
Deine Wünsche werden wahr:
so gesegnet sei dein neues Jahr.

Christa Spilling-Nöker

Vom Engel, der nicht mitsingen wollte

von Werner Reiser

Als die Menge der himmlischen Heerscharen über den Feldern von Bethlehem jubelte: »Ehre sei Gott in den Höhen und Friede auf Erden unter den Menschen«, hörte ein kleiner Engel plötzlich zu singen auf. Obwohl er im unendlichen Chor nur eine kleine Stimme war, machte sich sein Schweigen doch bemerkbar. Engel singen in geschlossenen Reihen, da fällt jede Lücke sogleich auf. Die Sänger neben ihm stutzten und setzten ebenfalls aus. Das Schweigen pflanzte sich rasch fort und hätte beinahe den ganzen Chor ins Wanken gebracht, wenn nicht einige unbeirrbare Großengel mit kräftigem Anschwellen der Stimmen den Zusammenbruch des Gesanges verhindert hätten.

Einer von ihnen ging dem gefährlichen Schweigen nach. Mit bewährtem Kopfnicken ordnete er das weitere Singen in der Umgebung und wandte sich dem kleinen Engel zu.

»Warum willst du nicht singen?«, fragte er ihn streng.

Der antwortete: »Ich wollte ja singen. Ich habe meinen Part gesungen bis zum ›Ehre sei Gott in den Höhen‹. Aber als dann das mit dem ›Friede auf Erden unter den Menschen‹ kam, konnte ich nicht mehr weiter mitsingen. Auf einmal sah ich die vielen römischen Soldaten in diesem Land und in allen Ländern. Immer und überall verbreiteten sie Krieg und Schrecken, bringen Junge und Alte um und nennen das den römischen Frieden. Und auch wo nicht Soldaten sind, herrschen Streit und Gewalt, fliegen Fäuste und böse Worte zwischen den Menschen und regiert die Bitterkeit gegen Andersden-

kende. Sogar dieses Paar mit dem neugeborenen Kind musste wegen der Militärsteuer nach Bethlehem ziehen, und wer weiß, was die Menschen mit diesem Kind machen werden!«

»Weißt du es denn?«, unterbrach ihn der Großengel.

»Nein, ich weiß es nicht und kann es nicht voraussehen«, erwiderte der Kleine. »Aber das, was ich sehe, genügt mir. Es ist nicht wahr, dass auf Erden Friede unter den Menschen ist, und ich singe nicht gegen meine Überzeugung!« Und er zeigte ein trotziges Gesicht. Einige seiner jüngeren Nachbarn riefen laut Beifall.

»Schweigt! – vielmehr: singt!«, rief der große Engel ihnen zu und nahm den jungen Rebellen zur Seite. Dort sprach er ihm zu: »Du willst also wissen, was Friede ist? Du lässest zu, dass ein friedloser Gedanke durch dein Gemüt zieht, und steckst andere mit deiner Unruhe an. Du brichst die Harmonie unseres Gotteslobes und störst die Einheit der himmlischen Welt, weil dir der Unfriede der menschlichen Welt zu schaffen macht? Du verstehst nicht, was in dieser Nacht in Bethlehem geschehen ist, und willst die Not der ganzen Welt verstehen?«

Der kleine Engel verteidigte sich: »Ich behaupte nicht, alles zu verstehen. Aber ich merke doch den Unterschied zwischen dem, was wir singen, und dem, was auf Erden ist. Der Unterschied ist für mein Empfinden zu groß und ich halte diese Spannung nicht länger aus.«

Der große Engel schaute ihn lange schweigend an. Er sah wie abwesend aus. Es war, als ob er auf eine höhere Weisung lauschen würde. Dann nickte er und begann zu reden:

»Gut. Du leidest am Zwiespalt zwischen Himmel und Erde, zwischen der Höhe und der Tiefe. So wisse denn, dass in dieser Nacht eben dieser Zwiespalt überbrückt wurde. Dieses

Kind, das geboren wurde und um dessen Zukunft du dir Sorgen machst, soll unseren Frieden in die Welt bringen. Gott gibt in dieser Nacht seinen Frieden allen und will auch den Streit der Menschen gegen ihn beenden. Deshalb singen wir, auch wenn die Menschen dieses Geheimnis mit all seinen Auswirkungen noch nicht hören und verstehen. Wir übertönen mit unserem Gesang nicht den Zwiespalt, wie du meinst. Wir singen das neue Lied.«

Der kleine Engel rief: »Wenn es so ist, singe ich gern weiter.«

Der Große schüttelte den Kopf und sprach: »Du wirst nicht mitsingen. Du wirst einen anderen Dienst übernehmen. Du wirst nicht mit uns in die Höhe zurückkehren. Du wirst von heute an den Frieden Gottes und dieses Kindes zu den Menschen tragen. Tag und Nacht wirst du unterwegs sein. Du sollst an ihre Häuser pochen und ihnen die Sehnsucht nach ihm in die Herzen legen. Du musst bei ihren trotzigen und langwierigen Verhandlungen dabei sein und mitten ins Gewirr der Meinungen und Drohungen deinen Gedanken fallen lassen. Du musst ihre heuchlerischen Worte aufdecken und die anderen gegen die falschen Töne misstrauisch machen, damit die wahre Meinung zum Vorschein kommt und sie erschrecken. Sie werden dir die Türe weisen, aber du wirst auf der Schwelle sitzen bleiben und hartnäckig warten. Du musst die Unschuldigen unter deine Flügel nehmen und ihr Geschrei an uns weiterleiten. Du wirst nichts zu singen haben, du wirst viel weinen und klagen müssen.«

Der kleine Engel war unter diesen Worten zuerst noch kleiner, dann aber größer und größer geworden, ohne dass er es selbst merkte. Er wollte sich gegen diese schwere Aufgabe auflehnen, aber der *andere Engel sagte: »Du hast es so gewollt. Du liebst die Wahrheit mehr als das Gotteslob. Dieses Merkmal deines Wesens wird nun zu deinem Auftrag. Und nun geh. Unser Gesang wird dich begleiten, damit du nie vergisst, dass der Friede in dieser Nacht zur Welt gekommen ist.«*

Während er noch redete, brach er von einer Palme einen Zweig und hauchte darauf. Und er sprach: »Nimm diesen Zweig mit dir. Er bewahrt den Geruch des Himmels und wird dich in den menschlichen Dünsten stärken.« Dann ging er an seinen Platz im himmlischen Chor zurück und sang weiter.

Der Engel des Friedens aber setzte seinen Fuß auf die Felder von Bethlehem. Er wanderte mit den Hirten zu dem Kind in der Krippe und öffnete ihnen die Herzen, dass sie verstanden, was sie sahen. Dann ging er in die weite Welt und begann zu wirken. Angefochten und immer neu verwundet, tut er seither seinen Dienst und sorgt dafür, dass die Sehnsucht nach dem Frieden nie mehr verschwindet, sondern wächst, Menschen beunruhigt und dazu antreibt, Frieden zu suchen und zu schaffen. Wer sich ihm öffnet und ihm hilft, hört plötzlich wie von ferne einen Gesang, der ihn ermutigt, das Werk des Friedens unter den Menschen weiterzuführen.

7 Glocken

Zum Thema

Die Stimme des Himmels ist Glockengeläut. Glocken rufen uns in Gottes Haus, die christlichen Feste zu feiern; die Taufe, die Hochzeit, die Einsegnung und die Aussegnung. Sie begleiten die Liturgie, aber auch den Alltag, wenn sie zu festen Zeit des Tages eine bestimmte Anzahl von Schlägen und Tönen läuten. Und schließlich warnen sie die Gemeinde vor gefährlichen Situationen wie Überfällen, Bränden, Hochwassern und rufen alle helfenden Hände zusammen.
Die älteste Glocke stammt aus dem China des 9. Jahrhunderts vor Christus. Dort wurde sie bereits gegossen und als Fruchtschale und Messgerät benutzt. Und auch damals begleitete sie die kultischen Riten rhythmisch und signalgebend und wurde als Verbindung von Himmel und Erde verstanden. Sie gelangte nach Indien, wo sie den Rang eines Musikinstruments erreichte und religiös auch als Schutzbringer gegen Dämonen und Böses vor allem von Göttern und Priestern in Miniaturform an der Kleidung getragen wurde. In Mesopota-

mien ging diese Schutzsymbolik auch auf Arbeitstiere und Werkzeuge über, die damit behangen wurden. Und schließlich geht sie als Grabbeilage auch in den Totenkult, z. B. Ägyptens, ein.

Die versenkte Glocke

Wenige Zeit später verbreitete sich im Land das Gerücht von einem großen Krieg. Die Schildbürger hatten schwere Sorgen um ihr Hab und Gut, sie fürchteten, der Feind könnte es ihnen entführen, wie das ja in Kriegszeiten mitunter geschieht. Besondere Angst hatten sie um ihre schöne, große Glocke, die in dem Turm der Stadtkirche hing. Sie sagten:

»Wenn die der Feind erspäht, holt er sie herab, gießt Haubitzen daraus und schießt damit auf unsere Mauern. Nein, nein, das wollen wir nicht!«

Nach langen Beratungen kamen sie überein, die kostbare Glocke bis zum Ende des Krieges in den See zu versenken, der nahe bei Schilda liegt, und wenn das Umland wieder frei von Kriegsvolk wäre, wollten sie sie herausziehen und aufhängen zur allgemeinen Freude. Sie ließen also die schwere Glocke mit einer Seilwinde vom Turm herab, luden sie auf einen schweren Wagen, spannten vier schwere Gäule davor und frachteten sie mit viel Hü! und Hott! zum See. Dort schleppten sie die Glocke in einen breiten Kahn und ruderten diesen aufs Wasser hinaus. Als sie nun die Glocke am Strick auf den Grund hinablassen wollten, fiel es einem von ihnen ein zu fragen, wie sie denn später den Ort wiederfinden würden, wo sie die Glocke versenkt hatten. Eine Weile saßen alle schweigend da und dachten nach, von neuer Sorge zernagt. Aber der Schultheiß fand bald sein altes Selbstvertrauen wieder und rief: »Lasst euch darob keine grauen Haare wachsen!« Hierauf nahm er ein scharfes Messer aus der Tasche und machte dicht neben der Stelle, wo der Strick mit der Glocke ins Wasser lief, eine Kerbe in den Schiffsrand.

»Hier bei dem Schnitt«, sagte er, »haben wir die Glocke versenkt, hier finden wir sie wieder.«

Nun wurde die Glocke hinabgelassen, und alle kehrten zufrieden ans Ufer zurück. Lange nachher, als der Krieg vorüber war, wollten die Schildbürger ihre schöne Glocke wieder haben. Sie machten den mit der Kerbe versehenen Kahn flott und fuhren auf den See hinaus – aber der Schnitt war mit jedem Ruderschlag woanders, so dass die Glocke überall hätte sein können und darum nirgends zu finden war.

Glockenlieder

Der Glocke feierliche Klänge
Ertönen mächtig durch die Luft,
Zur Kirche wallt die gläubige Menge,
Wie wenn sie Gottes Stimme ruft.

Der Turm erbebt, die Töne brausen
Wie Sturmwind in der Felsenkluft;
Jetzt möcht´ ich auf der Glocke sausen
In wildem Fluge durch die Luft;

Und tönt es dann – gewaltger klingend –
Gottpreisend aus der Glocke Mund,
Da glaub` ich fester sie umschlingend,
Die eigne Seele gäb´ ich kund.

Theodor Fontane

8 Hirten

Zum Thema

Die Hirten gelten als die Repräsentanten der einfachen, ja armen Leute der Weihnachtsgeschichte. Auch sie campieren im Freien und besitzen nicht viel.
Doch so arm müssen sie gar nicht gewesen sein, denn immerhin basierte die Volkswirtschaft damals auf Ackerbau und Viehzucht und die einflussreichsten Familien der damaligen Zeit waren viehtreibende Nomaden. König David selbst entstammte einer solchen Familie und eben dieser Linie wird Jesus zugerechnet.
Die Hirten teilen, was sie haben mit der Heiligen Familie und sie bringen Jesus zur Geburt ein Lamm dar. Zum ersten Mal taucht diese Symbolik für den Heiligen Sohn auf.
Sie sind Hirten und auch er ist ein Hirte – unser Hirte, der seine Gemeinde führt und den nichts schreckt, uns zu behüten: nicht Hunger und Durst, nicht Kälte oder Gewalt, nicht einmal der Tod.

Die Hirten

Es roch so warm nach den Schafen,
da sind sie eingeschlafen.
O Wunder, was geschah:
Es ist eine Helle gekommen,
ein Engel stand da.

Sie haben sein Wort vernommen,
was schwer zu verstehn.
Sie mussten nach Bethlehem gehen und sehen.

Sie haben vor der Krippen
aus runden Augen geschaut.
Sie stießen sich in die Rippen,
einer hat sie gegraut,
einer drückte sich gegen die Wand,
einer schnäuzte sich in die Hand
uns wischte sich über die Lippen.
[...]

Werner Bergengruen

Eine Hirtenlegende

von Max Bolliger

Hirten

Es war einmal ein Hirte, der lebte auf dem Felde in der Nähe Bethlehems.

Er war groß und stark, aber er hinkte und konnte nur an Krücken gehen. Darum saß er meistens mürrisch am Feuer und sah zu, dass es nicht ausging.
Die anderen Hirten fürchteten ihn.

Als den Hirten in der Heiligen Nacht ein Engel erschien und die Frohe Botschaft verkündete, da sah und hörte er nichts. Und als sie ihm alles erzählten und sich aufmachten, um das Kind zu finden, so, wie es ihnen der Engel gesagt hatte, blieb er allein am Feuer zurück. Er schaute ihnen nach, sah, wie das Licht ihrer kleinen Lampen kleiner wurde und sich in der Dunkelheit verlor.

»Lauft, lauft! Was wird es schon sein? Ein Spuk, ein Traum!«
Die Schafe rührten sich nicht.
Die Hunde rührten sich nicht.
Er hörte nur die Stille.
Er stocherte mit der Krücke in der Glut.
Er vergaß frisches Holz aufzulegen.
Und wenn es kein Spuk, kein Traum wäre? Wenn es den Engel gab?

Er raffte sich auf, nahm die Krücken unter die Arme und humpelte davon, den Spuren der anderen nach.
Als er endlich zu dem Stall kam, dämmerte bereits der Morgen.
Der Wind schlug die Tür auf und zu.

Der Duft von fremden Gewürzen hing in der Luft.
Der Lehmboden war von vielen Füßen zertreten.
Er hatte den Ort gefunden.
Doch wo war nur das Kind, der Heiland der Welt,
Christus, der Herr in der Stadt Davids?
Er lachte. Es gab keinen Engel.
Schadenfroh wollte er umkehren.

Da entdeckte er die kleine Kuhle, wo das Kind gelegen hatte, sah das Nestchen im Stroh. Und da wusste er nicht, wie ihm geschah.

Er kauerte vor der leeren Krippe nieder. Was machte es aus, dass das Kind ihm nicht zulächelte, dass er den Gesang der Engel nicht hörte und den Glanz Marias nicht bewunderte!

Was machte es aus, dass er nun nicht mit den anderen in Bethlehem durch die Straßen zog und von dem Wunder erzählte!

Was ihm widerfahren war, konnte er nicht mit Worten beschreiben. Staunend ging er davon. Er wollte das Feuer wieder anzünden, bevor die anderen Hirten zurückkämen. Doch als er eine Weile gegangen war, merkte er, dass er seine Krücken bei der Krippe vergessen hatte. Er wollte umkehren. Warum denn? Zögernd ging er weiter, dann mit immer festeren Schritten.

9 International

Zum Thema

Weihnachten wird von den Christen auf der ganzen Welt zwei Tage lang gefeiert. Aber überall anders.

Im sonnigen Australien bleibt einem gar nichts anderes übrig, als mit Freunden und Verwandten eine tolle Party am Strand mit Barbecue und Plastikbäumen zu feiern. In Mexico beginnen die Festlichkeiten schon einen Monat vor Heiligabend. In ihrem Zentrum stehen die Posadas, die die Herbergssuche symbolisieren und die Pinatas, die symbolisch das Gute befreien. Im verschneiten Schweden, wo es Julfest heißt, kommt hingegen die ganze Familie schon nach der Frühmette am Nachmittag zusammen, um mit einem opulenten Menü vor dem Kaminfeuer zu beginnen, das bis in die Nacht hinein dauert. Unter den Chinesen gibt es zwar nur sehr wenige, die Weihnachten tatsächlich feiern, aber nichts desto trotz ist das Fest so beliebt, dass alle Städte großzügig mit Tannenbäumen, Lichtern und Weihnachtsmännern geschmückt sind. In Russland wird das Fest nach dem alten Kalender erst am 6. Januar gefeiert und die Geschenke wie die Rute kommen von Väterchen Frost. Geschenke werden hierzulande am Heiligen Abend überreicht, andernorts aber meistens erst am Morgen des ersten Feiertages und in England kommt es vor, dass die Bescherung erst am zweiten Feiertag stattfindet.

So hat jedes Land seinen eigenen Brauch, seinen eigenen Zeitpunkt und seinen eigenen Weihnachtsgruß: Merry Christmas (engl.), Joyeux noel (franz.), Feliz navidad (span.), Glædelig Jul (schwed.), Meri Kirisumasu (jap.), geseënde Kersfees (südafrik.), vesele vanoce (tschech.), wesolych swira (pol.), wesjolowo roschdestwa (rus.).

Feliz Navidad

Feliz Navidad
Feliz Navidad
Feliz Navidad
Feliz Navidad
Prospero Ano y Felicidad.

Feliz Navidad
Feliz Navidad
Feliz Navidad
Prospero Ano y Felicidad.

I wanna wish you a Merry Christmas
I wanna wish you a Merry Christmas
I wanna wish you a Merry Christmas
From the bottom of my heart.

Weihnachtslied aus Spanien

Niños dios de Rayas

von Rubén M. Campos

An dem Ort, der meine Kindheit behütete, unter dessen Flügeln ich wie ein der Nacht des Lebens ausgesetztes Küken Schutz suchte, wohnte eine Alte, die einst in ihrer Jugend schön gewesen war, die in der guten Zeit von Santa-Ana im Glanze der Verehrungen brilliert hatte und der strahlende Jünglinge den Hof gemacht hatten, die nun an den frischen Wintermorgenden von ihren Enkeln umringt ihren Schnupftabak einziehen. Ich erinnerte mich vage an den lächelnden Glanz in den immer noch schönen Augen Rosalias, die wir Mutter Rosa nannten, und an den schneeweißen Zopf, der die Mädchen vor Neid erblassen ließ.

Aber die Arme besaß sonst nichts ... Ach, doch! Sie besaß einen Schatz, ein heiliges Amulett, das ihr Herz um die Sorgen erleichterte wie ein wohltätiger Traum. Alle Jahre stellte Rosa ihr Nacimiento auf: Sie schmückte ihre Krippe, in der sie ein anbetungswürdiges Christkind, den Niño Dios de Ravas, bettete, der in vergangenen Zeiten Schutz und Stolz der reichen Mine von Guanajuto gewesen war.

Das Christkind hatte ein unbekannter Künstler in trostvoller Verzückung wunderschön geschnitzt. Wenn wir es wie ein kleines Kind aufnahmen, umfasste sein elfenbeinerner Arm unseren Hals, nahm uns in einer Umarmung gefangen, die unsere kindliche Einbildung als himmlisch empfand. Dieses Christkind war das einzige Kleinod der Mutter Rosa; und darum rief sie uns als Zeichen ihrer erhabenen Zuneigung in den ersten Tagen eines jeden Jahres zu sich – nur uns Kinder, niemand sonst, nur die mit reinem Herzen und unschuldiger Seele. Und sie nahm das Christkind von seinem Strohlager herunter, legte es in unsere Arme, besiegelte unseren Bund mit ihm inmitten der zärtlichen Umarmung und gab uns schließlich eine Handvoll Karamellen und Zuckerstangen, erfüllt von dem Stolz, uns für das ganze Jahr Glückseligkeit gebracht zu haben ...

Die Zeiten flogen dahin, mein Herz öffnete sich der Liebe und der Schlechtigkeit, mein Geist bewölkte sich düster und schrecklich durch Zweifel, meine Hoffnungen gaben dem Flug die Richtung ...

Und mit kranker Seele zog ich in andere Gegenden und verlor die letzte Glut der Liebe, die ich bewahrt hatte. Nach zehn Jahren kehrte ich an den geliebten Ort zurück und fand ihn traurig, denn in den Herzen, die ich als Kinder verlassen hatte, waren die Leidenschaften erwacht.

Wiederum floh ich, vielleicht für immer; der Kampf rief mich mit unheilvollem und betäubendem Schrei; und ich schloss mein Herz gegen die alten Gefühle und verschwand ...

»Wenn du durch Guanajuato kommst, besuche Mutter Rosa.«

Ich versprach, es zu tun, und kaum, dass ich in der stolzen Stadt ankam, lief ich durch die Gasse von Tepetapa, fragte, drang, und mit erregtem Herzen klopfte ich an eine bescheidene Tür. Ich trat ein, und in dem einzigen Raum, der Schlaf- und Wohngemach war, entdeckte ich Rosalia, das blühende Mädchen der Zeiten von Santa-Ana; aber in welcher Verfassung!

Ihre Beine waren lahm, der weiße Schopf war fast verschwunden und nur mehr eine Schneeflocke auf dem ehrwürdigen Haupt. Mit Mühe nur erkannte sie mich, und nachdem wir ein wenig über die entflohenen Zeiten gesprochen hatten, verabschie-

dete ich mich mit einem kleinen Geschenk ... Ihr Herz öffnete sich den verloschenen und vergangenen Gefühlen – gut konnte man es am freudigen Glänzen der Augen ablesen; und als sie nichts fand, womit sie ihren Dank hätte zeigen können, wandte sie den Blick und wies auf einen kleinen Bethlehemstall. Vergnügt sprach sie zu mir:

»Erinnerst du dich?«

Ja gewiss! Dort war der Niño Dios de Rayas auf seinem Strohlager, mit seinen nachdenklichen Augen und seinem Arm, der den Hals des Freundes ersehnte, ihn zu umfassen ...

Die Greisin schlurfte mühsam, nahm ihn mit der zitternden Hand hinunter, veranlasste mich, dass ich mich bückte, und legte ihn mir in die Arme ... Da fühlte ich etwas Unerklärliches in meinem Herzen, eine Landschaft, die deutlicher wurde, als die Wolken, die sich über meiner Seele zusammengezogen hatten, verflogen ... Etwas, das mich anrührte bis in die tiefsten Gründe meines Seins und mich mit einem furchterregend großartigen Stoß, der von dem Unsichtbaren herrührte, hinabstieß ...

Die Landschaft meiner Kindheit zog strahlend und lebendig auf. Als ich die Umarmung spürte, die mir so oft das Glück gebracht hatte, gurrte eine sanfte Stimme in meiner Seele wie eine Taube:

»Du warst gut und warst demütig, warst nicht ehrgeizig und auch die Bosheit hatte dich nicht bedeckt ... Warum hast du mich vergessen? ... Du siehst schon, dass ich immer, in jedem Augenblick deines Lebens, dein Freund bin, denn meine Unschuld weiß nichts davon, dass du mich verraten hast ... Dein Herz ist eine Tränke des Kummers, denn dir hat meine Neujahrsumarmung gefehlt ... Du wirst schon noch sehen, dass das einzige Glück darin besteht, in die Kindheit zurückzukehren!«

10 Jesus

Zum Thema

Seit über 2.000 Jahren feiern wir den Geburtstag eines Kindes, eines Sohnes, eines Mannes, eines Todgeweihten, einer historischen Persönlichkeit und eines Teiles der Dreifaltigkeit.
Was immer wir mit Weihnachten auch verbinden, es hat mit Jesus zu tun, denn es ist sein Geburtstag. Was immer wir mit Jesus verbinden, es gibt diesen Tag und zwar weltweit.
Alles nahm seinen Anfang mit diesem Menschen und es findet kein Ende mit seinem Tod.

Der Eremit

Sie warfen nach ihm mit Steinen,
er lächelte mitten im Schmerz.
Er wollte nur sein, nicht scheinen.
Es sah ihm keiner ins Herz.

Es hörte ihn keiner weinen,
er zog in die Wüste hinaus.
Sie warfen nach ihm mit Steinen.
Er baute aus ihnen sein Haus.

Mascha Kalèko

Das fremde Kind

von Maxim Gorki

In einem kleinen Häuschen am Eingange eines Waldes lebte ein armer Tagelöhner, der sich mit Holzhauen mühsam sein Brot verdiente. Er hatte ein Weib und zwei Kinder, die ihm fleißig zur Arbeit halfen. Das Knäblein hieß Valentin und das Mädchen Marie, und die waren gehorsam und fromm zu der Eltern Freude und Trost. Als die guten Leute nun eines Winterabends, da es draußen schneite und wehte, beisammen saßen und ein Stücklein Brot verzehrten, dafür Gott von Herzen dankten und der Vater noch aus den biblischen Geschichten vorlas, da pochte es leise am Fenster zu ungewohnter Stunde, und ein feines Stimmchen rief draußen:

»O lasst mich ein in euer Haus, ich bin ein armes Kind und habe nichts zu essen und kein Obdach und meine schier vor Hunger und Frost umzukommen! O lasst mich ein!«

Da sprangen Valentin und Mariechen vom Tische auf, öffneten die Türe und sagten: »Komm herein, armes Kind, wir haben selber nicht viel, aber noch immer mehr als du, und was wir haben, das wollen wir mit dir teilen.«

Das fremde Kind trat ein und wärmte sich die erstarrten Glieder am Ofen, und die Kinder gaben ihm, was sie hatten, zu essen und sagten: »Du wirst wohl müde sein, komm, lege dich in unser Bettchen, wir können auf der Bank schlafen.«

Da sagte das fremde Kind: »Dank' es euch mein Vater im Himmel!«

Sie führten den kleinen Gast in ihr Kämmerlein, legten ihn zu Bett, deckten ihn zu und dachten sich: O wie gut haben

wir es doch! Wir haben unsre warme Stube und unser Bettchen, das arme Kind hat aber gar nichts als den Himmel zum Dach und die Erde zum Lager.
Als nun die Eltern zur Ruhe gingen, legten sich Valentin und Marie auf die Bank beim Ofen und sagten zueinander: »Das fremde Kind wird sich nun freuen, dass es warm liegt. Gute Nacht!«
Es mochten aber die guten Kinder kaum einige Stunden geschlafen haben, als die kleine Marie erwachte und ihren Bruder leise weckte, indem sie zu ihm sprach: »Valentin, Valentin, wach' auf, wach' auf! Höre doch die schöne Musik vor den Fenstern!« Da rieb sich Valentin die Äuglein und lauschte. Es war aber ein wundersames Klingen und Singen, dass sich vor dem Hause vernehmen ließ, und wie mit Harfenbegleitung hallte es:

O heil'ges Kind,
Wir grüßen dich
Mit Harfenklang
Und Lobgesang

Du liegst in Ruh',
Du heil'ges Kind;
Wir halten Wacht
In dunkler Nacht.

O Heil dem Haus,
In das du kehrst!
Es wird beglückt
Und hoch entzückt.

Das hörten die Kinder und es befiel sie eine freudige, bange Angst, und sie traten ans Fenster, um zu schauen, was denn draußen geschehe. – Im Osten sahen sie das Morgenrot glühen und vor dem Hause viele Kinder stehen, die goldene Harfen und Lauten in den Händen hatten und mit silbernen Kleidern angetan waren. Erstaunt und verwundert ob dieser Erscheinung, starrten sie zum Fenster hinaus, da berührte sie ein leiser Schlag, und als sie sich umwandten, da sahen sie das fremde Kind vor sich stehen, das ein Kleid von Goldstoff anhatte und mit einem glänzenden Schein und das goldgelockte Haupt geschmückt war, und sprach:

»Ich bin das Jesuskindlein, das in der Welt umherwandelt, um frommen Kindern Glück und Freude zu bringen. Ihr habt mich beherbergt diese Nacht, indem ihr mich für ein armes Kind hieltet, und ihr sollt nun meinen Segen haben.« Da brach es ein Reislein von einem Tannenbaum, der am Hause stand, und pflanzte es in den Boden und sprach: »Das Reislein soll zum Baume werden und soll euch alljährig Früchte bringen.«

Und alsbald verschwand es mit den musizierenden Kindern – den Engeln. Das Tannenreis aber schoss empor und ward zum Weihnachtsbaum, der war behangen mit goldnen Äpfeln und Silbernüssen und blühte alle Jahre einmal. Und wenn ihr lieben Kinder zu Weihnachten vor dem reichgeschmückten Baume steht und euch freut, so gedenkt auch der armen Kinder, die kaum ein Stückchen Brot haben, um ihren Hunger zu stillen, und danket Gott!

11 Krippe

Am Weihnachtstag

In einer Krippe neugeboren
und schlummernd Kindlein;
wie im Traum verloren
die Mutter kniet,
Weib und Jungfrau doch.
Ein erster, schlichter Mann
rückt tief erschüttert
das Lager ihnen,
seine Rechte zittert
dem Schleier nahe
um den Mantel noch.

Annette von Droste-Hülshoff

Zum Thema

Die Krippe war in frühen und für sehr lange Zeiten das Weihnachtssymbol schlechthin. Schon im vierten Jahrhundert sah man sie als Reliquie an. Von dieser Zeit an wurde sie als Mittelpunkt des Festes immer weiter ausgestaltet. Zunächst als Korb, dann als Holzgestell, das aus immer edleren Hölzern gefertigt wurde, erst mit Heu und Stroh und schließlich mit Seide und Spitze ausstaffiert, versammelte es immer ausführlicher die Handlungstragenden der Weihnachtsgeschichte um sich, bildet das Zentrum der nach ihr benannten Aufführungen, den Krippenspielen.

Auch diese wurden immer umfangreicher bis sie schließlich von der Verkündigung bis zum ersten Wunder handelten und mitunter als Mehrteiler aufgeführt wurden.

Auch in keinem Haushalt durfte die Krippe fehlen und war – und ist in Teilen Österreichs und in Italien noch immer – der einzige und wichtigste Weihnachtsschmuck.

Die Kunstgeschichte ist voll von kostbaren und unterschiedlichen, epochalen Werken der Krippendarstellungen. Und all das beruht auf einer einzigen Erwähnung in der Weihnachtsgeschichte nach Lukas 2,7: »Sie wickelten ihn in Windeln und legten ihn in eine Krippe, weil in der Herberge kein Platz für sie war.«

Krippe oder Weihnachtsbaum?

von Luciano de Crescenzo

»Apropos Weihnachten, ich und der Baron haben wie jedes Jahr angefangen, die Krippe aufzubauen, und wir haben zwei Tage gebraucht, um alle Schachteln mit den Hirten aufzumachen, sie abzustauben und abgebrochne Arme und Beine mit Fischleim anzukleben.«

»Die Krippe ist für uns Neapolitaner etwas wirklich Wichtiges«, sagt der Professor. »Und Sie«, wendet er sich an mich, »entschuldigen Sie die Frage, aber ist Ihnen die Krippe lieber oder der Weihnachtsbaum?«

»Natürlich die Krippe.«

»Das freut mich für Sie«, sagt der Professor und drückt mir die Hand. »Sehen Sie, die Menschheit lässt sich in Krippenliebhaber und Baumliebhaber einteilen, und das ist eine Folge der Unterteilung der Welt in eine Welt der Liebe und eine Welt der Freiheit, aber um das zu erklären, müsste ich weiter ausholen, lassen wir das für ein andermal. Heute möchte ich lieber etwas über die Krippe und die Krippenliebhaber sagen.«

»O ja, erzählen Sie von der Krippe, Professore«, sagt Salvatore, »hier sind Ihre Kinder und hören Ihnen zu!«

»Also die Einteilung in Krippenliebhaber und Baumliebhaber ist, wie ich schon sagte, so entscheidend, dass sie meiner Meinung nach so wie Geschlecht und Blutgruppe in die Personalausweise eingetragen werden müsste. Naja, sonst entdeckt doch so ein armer Teufel vielleicht erst nach seiner Heirat, dass er sich mit einem Christenmenschen zusammengetan hat, der ganz andere Weihnachtsgewohnheiten hat. Das klingt jetzt vielleicht übertrieben, aber es ist etwas Wahres dran: Der Baumliebhaber hat in seinem Leben eine ganz andere Werteskala als der Krippenliebhaber. Für den ersteren sind vor allem die Form, das Geld und die Macht entscheidend; für den letzteren dagegen die Liebe und die Poesie.«

»Wir alle hier in diesem Haus sind Krippenliebhaber, nicht wahr, Professore?« sagt Salverio.

»Nein, nicht alle. Meine Frau und meine Tochter zum Beispiel sind, wie fast alle Frauen, Baumliebhaberinnen.«

»Meiner Assuntina gefällt auch der Weihnachtsbaum mehr«, sagt Saverio halblaut.

»Die beiden Gruppen können sich nicht verstehen. Wenn der eine etwas sagt, weiß der andere nicht, was er meint. Die Ehefrau sieht, dass ihr Mann die Krippe aufbaut und sagt: ›Warum kaufst du nicht, statt hier das ganze Haus mit deinem Fischleim zu verpesten, die Krippe fix und fertig im Kaufhaus UPIM?‹ Der Mann antwortet nicht. Denn bei UPIM kann man vielleicht den Weihnachtsbaum kaufen, der erst dann schön wird, wenn er geschmückt ist und man die Lichter anzünden kann, bei der Krippe aber ist es anders, die Krippe ist schön, während man sie macht oder sogar während man an sie denkt: ›Jetzt kommt Weihnachten, also bauen wir die Krippe auf.‹ Diejenigen, denen der Weihnachtsbaum gefällt, sind einfach Konsumliebhaber, der Krippenfreund dagegen ist, egal ob er Geschick hat oder nicht, kreativ tätig, und sein Evangelium heißt Natale in casa Cupiello« (Stück von Eduardo De Filippo, in dem es um eine Weihnachtskrippe geht).

»Das habe ich gesehen, Professore, und ich erinnere mich, wie Eduardo sagte: ›Die Krippe habe ich ganz allein gemacht und im Kampf gegen die ganze Familie.‹«

»Die Hirten«, fährt Bellavista fort, »müssen diese handgemachten, ein wenig hässlichen, aus Gips sein und vor allem aus dem Herzen Neapels stammen, aus San Gregorio Arme-

no, und nicht aus Plastik, wie man sie bei UPIM bekommt und die alle so unecht wirken; die Hirten müssen die aus den früheren Jahren sein, und es macht nichts, wenn sie alle ein bisschen zerbrochen sind, entscheidend ist, dass der Familienvater sie alle mit Namen kennt und zu jedem Hirten eine schöne Geschichte erzählen kann: ›Dies hier ist Benito, der keine Lust hatte zu arbeiten und immer schlief, dies ist der Vater von Benito, der seine Schafe auf den Bergen weidete, und dies ist der Hirte, der das Wunder erlebte.‹ Und so der Reihe nach, wie sie aus der Schachtel kommen, werden die Hirten vorgestellt. Der Vater stellt sie den kleineren Kindern vor, die sie auf diese Weise jedes Jahr an Weihnachten wiedererkennen und sie lieb haben wie Familienangehörige. Das sind Leute aus dem wirklichen Leben, auch wenn sie historisch gar nicht stimmen, wie der Mönch oder der Jäger mit dem Gewehr.«

»Dann gibt es da ja auch noch den Koch, den Tisch mit den zweit sitzenden Paaren, den Melonenverkäufer, den Gemüsemann, den Kastanienverkäufer, den Weinhändler, den Fleischer.«

»Naja«, sagt Salvatore, »auch damals mussten die Leute eben schon bis in die tiefe Nacht schuften, um durchzukommen.«

»Außerdem ist da auch noch die Wäscherin«, fährt Saverio fort, »der Hirte, der die Hühner trägt, der Fischer, der in ganz richtigem Wasser fischt, das aus der Wanne hinter der Krippe kommt.«

»Mein Papa«, sagt Luigino, »schaffte es immer, die ein bisschen angeknacksten Figuren so aufzustellen, dass kein Mensch merkte, dass ihnen ein Arm

oder ein Bein fehlte; er sagte zu mir: ›Luigino, jetzt findet dein Papa ein Plätzchen für diesen armen kleinen Hirten, der einen Schenkel verloren hat‹, und stellte ihn hinter einer Hecke oder einem Mäuerchen auf, und dann erinnere ich mich auch, dass wir einen Hirten hatten, der jedes Jahr irgendein Stück verlor, so dass am Schluss nur noch der Kopf da war, und den stellte mein Papa dann in das Fensterchen des Hauses. Die Häuschen machte mein Papa immer aus Arzneischachteln und beleuchtete sie von innen, und das ganze Jahr über, wenn ich irgendeine Medizin nehmen musste, zum Beispiel einen Hustensaft, den ich nicht mochte, nahm er die Schachtel und sagte: ›Luigino, diese Schachtel bewahren wir auf bis Weihnachten, dann machen wir ein schönes Häuschen für die Krippe daraus, aber zuerst musst du jetzt ganz lieb die Arznei nehmen, die da drin ist, denn wie soll Papa sonst das Häuschen machen?‹«

»Und wenn dann Mitternacht kam«, fährt Salvatore fort, »machten wir eine Prozession durchs ganze Haus und sangen Tu scendi dalle stelle. Der Kleinste der Familie vorneweg mit dem Jesuskind und die anderen alle hinterher mit einer brennenden Kerze in der Hand.«

»Krippe! Geruch nach Fischleim, Korken für die Berge, Mehl für den Schnee …«

12 Licht

Am Weihnachtsbaum die Lichter brennen

Am Weihnachtsbaum, die Lichter brennen,
wie glänzt er festlich, lieb und mild.
Als spräch er: »Wollt in mir erkennen
getreuer Hoffnung stilles Bild!«

Hermann Kletke

Zum Thema

Ein glitzerndes Kerzenlicht im Zimmer, strahlende Tannenbäumchen überall, hellerleuchtete Einkaufsstraßen. Weihnachten ohne die Magie des Lichts ist undenkbar. So auch beim jüdischen Chanukka-Fest. Es erinnert an den Aufstand von 165 v. Chr. der Juden gegen die Griechen, den Judas Makkabäus anführte und deshalb auch Makkabäeraufstand genannt wird. 164 v. Chr. wurde der Tempel wieder übernommen, von den griechischen Götzen gereinigt und neu geweiht. »Neueinweihung« heißt ins Jüdische übersetzt »Chanukka«. Der Tempel musste mit geweihtem Öl beleuchtet werden, wovon allerdings nur noch ein Rest da war, der nicht einmal für einen Tag gereicht hätte. Doch wundersamerweise leuchteten die Lampen acht Tage lang. Und deshalb wird Chanukka acht Tage gefeiert, zu jedem Tag wird mittels einer Diener-Kerze eine weitere Kerze angezündet bis alle Kerzen des achtarmigen Leuchters erstrahlen. In diesen acht Tagen gehen die Juden wie immer ihrem Tagwerk nach, denn gefeiert wird am Abend im Kreise der Familie. Es wird gesungen, aus der Tora gelesen und gut gegessen, z. B. Ölspeisen, die an das geweihte Öl erinnern sollen. Jeden dieser acht Tage bekommen die Kinder etwas geschenkt; früher handelte es sich um Schulgeld, heute sind die Präsente den Kindern allein gewidmet.

Im Mittelpunkt steht jedoch das Licht der Kerzen, der Leuchter, der im Fenster steht, um allen die Freude zu verkünden. Das Licht verströmt Milde, Wärme, Geborgenheit – und Mut.

Die Macht des Lichts

von Isaac B. Singer

Im Zweiten Weltkrieg, als die Nazis das Warschauer Ghetto in Schutt und Asche gelegt hatten, hielten sich ein Junge und ein Mädchen in den Ruinen versteckt: der vierzehnjährige David und die dreizehnjährige Rebekka. Es war Winter, und draußen war es bitterkalt. Rebekka hatte den dunklen, teilweise eingestürzten Keller, der ihr Versteck war, schon seit Wochen nicht mehr verlassen; David jedoch ging alle paar Tage hinaus, um nach etwas Essbarem zu

suchen. Alle Läden waren ausgebombt, aber manchmal fand David steinhartes Brot, Konservendosen oder andere, von Schutt bedeckte Nahrungsmittel. In den Ruinen herumzulaufen war gefährlich. Manchmal fielen Ziegelsteine und Mörtel herunter, und außerdem konnte man sich leicht verirren. Aber dieses Risiko musste David eingehen, wenn er und Rebekka nicht verhungern wollten.
Eines Tages war es besonders kalt. Eingemummt in alles, was sie noch zum Anziehen hatte, saß Rebekka auf dem Boden, aber warm wurde ihr trotzdem nicht. David war schon stundenlang unterwegs, und Rebekka wartete im Dunkeln darauf, ihn endlich zurückkommen zu hören. Sie wusste, dass ihr, wenn er nicht zurückkam, nichts anderes übrig blieb, als zu sterben.
Plötzlich hörte sie, wie jemand schwer atmete und ein Bündel fallen ließ. David war zurückgekommen! Jetzt konnte sich Rebekka einfach nicht mehr beherrschen. »David!«
»Rebekka!«
In der Finsternis umarmten und küssten sie sich. Dann sagte David: »Rebekka, ich habe einen Schatz entdeckt.«
»Was denn für einen Schatz?«
»Käse, Kartoffeln, gedörrte Pilze und ein Päckchen Bonbons. Und ich habe noch eine Überraschung für dich.«
»Was für eine Überraschung?«
»Später.«
Sie waren zu hungrig, um viel zu reden. Heißhungrig aßen sie die Kartoffeln, die Pilze und ein Stück von dem Käse. Von den Bonbons nahm sich jeder nur einen. Dann fragte Rebekka: »Ist jetzt Tag oder Nacht?«

»Ich glaube, es ist schon dunkel geworden«, sagte David. Er hatte eine Armbanduhr und wusste immer, ob Tag oder Nacht war – und welcher Wochentag und welcher Monat. Nach einer Weile fragte Rebekka noch einmal: »Was für eine Überraschung?«

»Rebekka, heute ist der erste Chanukka-Abend. Ich habe eine Kerze und Streichhölzer gefunden.«

»Chanukka? Heute abend?«

»Ja.«

»O mein Gott.«

«Ich werde die Chanukkakerze segnen", sagte David.

Er strich ein Zündholz an, und Licht leuchtete auf. Rebekka und David betrachteten ihr Versteck: Backsteine, Rohre, holpriger Boden. David zündete die Kerze an. Rebekka blinzelte. [...] Nun sprach David den Segensspruch über die Kerze und Rebekka sagte: »Amen.« Beide hatten ihre Angehörigen verloren und hatten Grund genug, wegen all der Qualen, die sie erdulden mussten, mit Gott zu hadern – aber das Licht der Kerze brachte Frieden in ihr Herz. Dieser Lichtschimmer inmitten von so viel Dunkelheit schien zu sagen: Das Böse hat die Macht noch nicht ganz übernommen. Es gibt noch einen Hoffnungsschimmer.

Schon seit einiger Zeit dachten David und Rebekka daran, aus Warschau zu fliehen. Aber wie? Das Ghetto wurde Tag und Nacht von den Nazis bewacht. Jeder Schritt war gefährlich. Immer wieder verschob Rebekka die Flucht auf später. Im Sommer sagte sie oft, würde es leichter sein, zu entkommen. Aber David wusste, dass sie in diesem elenden Zustand wohl kaum bis zum Sommer überleben würden. Irgendwo draußen im Wald waren junge Männer und Frauen – Partisanen genannt –, die gegen die Nazi-

besatzung kämpften. David wollte sich mit Rebekka zu ihnen durchschlagen. Und jetzt, im Lichtschein der Chanukkakerze, fasste Rebekka wieder Mut. »David, lass uns fliehen!«

»Wann?«

»Wenn du es für richtig hältst.«

»Der richtige Zeitpunkt ist jetzt. Ich habe einen Plan.«

[...]

Im Augenblick großer Gefahren können Menschen ungewöhnlichen Mut aufbringen. David und Rebekka machten sich auf den Weg durch die Ruinen. Manchmal mussten sie auf allen vieren kriechen, um durchzukommen. Doch das Gefühl, etwas im Magen zu haben, und die Freude, die die Chanukkakerze in ihnen erweckt hatte, schenkten ihnen den Mut, weiterzugehen. [...]

An diesem Chanukka-Abend schienen viele Wunder zu geschehen. Weil die Nazis Angst vor feindlichen Flugzeugen hatten, war für Warschau völlige Verdunklung angeordnet worden. Und weil es bitterkalt war, hielten weniger Gestapo-Leute Wache. David und Rebekka schafften es, aus dem Abwasserkanal ins Freie zu gelangen und sich unentdeckt aus der Stadt zu stehlen. Im Morgengrauen erreichten sie einen Wald, wo sie sich ausruhen und einen Bissen essen konnten.

[...] In einem Dorf begegneten die beiden einem jüdischen Partisanen, der dort Proviant für seine Gruppe beschaffen wollte. Er war Mitglied der »Haganah«, einer Organisation, die Männer aus dem Land Israel ins besetzte Polen schickte, um jüdische Flüchtlinge vor den Nazis zu retten. Der junge Mann brachte Rebekka und David zu den anderen Partisanen, die sich im Wald versteckt

A B C D E F G H I J K L

hielten. Es war der letzte Tag des Chanukkafestes, und am Abend zündeten die Partisanen acht Kerzen an. Einige spielten auf einem Baumstumpf Dredl, während die anderen Wache hielten.

Von diesem Tag an glich das Leben von David und Rebekka einer Geschichte aus einem Buch. Immer mehr Flüchtlinge, die nur einen Wunsch hatten, im Land Israel eine Heimstatt zu finden, schlossen sich ihnen an.

[...] Von den Juden des Landes Israel wurden sie so liebevoll begrüßt, dass sie ihre Leiden vergaßen. Sie waren die ersten Flüchtlinge, die das Heilige Land erreicht hatten, und man unterstützte und tröstete sie, so gut man konnte. Rebekka und David machten im Land Israel Verwandte ausfindig, von denen sie mit offenen Armen aufgenommen wurden. Sie waren zwar abgemagert, aber noch gesund genug, um sich rasch zu erholen. [...]

Als Rebekka achtzehn geworden war, heiratete sie ihren David. Sie zogen in ein kleines Haus mit Garten in Ramat Gan, einem Vorort von Tel Aviv.

Das alles weiß ich, weil David und Rebekka mir ihre Geschichte ungefähr acht Jahre später an einem Chanukka-Abend in ihrem Haus in Ramat Gan erzählten. Die Chanukkakerzen brannten, und Rebekka briet Kartoffelpuffer, die sie uns mit Apfelmus auftischte. [...] Und Rebekka sagte zu mir: »Wenn die kleine Kerze nicht gewesen wäre, die David damals in unser Versteck mitbrachte, dann säßen wir heute nicht hier. Dieser Lichtschimmer hat in uns eine Hoffnung und Kraft geweckt, von der wir gar nicht wussten, dass sie in uns war. Dieses Dredl werden wir Menachem Eliezer schenken, wenn er alt genug ist, um zu begreifen, was wir durchgemacht haben und auf welch wunderbare Weise wir gerettet wurden.«

Maria

Zum Thema

Keine andere Heilige der christlichen Religion ist derartig ikonisiert, idealisiert und mythologisiert worden wie Maria. Keine religionswissenschaftliche Ausrichtung, die nicht eine Theorie aufgrund der Mariengestalt entworfen hätte. Kaum eine religionspopuläre Betrachtung, in der nicht zum Teil groteske Verehrungsformen und –kulte entstanden wären. Königin, Heilige, Urmutter – oder schlicht das weibliche Element?

Maria

Die Nacht ihrer ersten Geburt war
Kalt gewesen. In späteren Jahren aber
Vergaß sie gänzlich
Den Frost in den Kummerbalken
          und rauchenden Ofen
Und das Würgen der Nachgeburt
          gegen Morgen zu.
Aber vor allem vergaß sie die bittere Scham
Nicht allein zu sein
Die den Armen eigen ist.
Hauptsächlich deshalb
Ward es in späteren Jahren zum Fest, bei dem
Alles dabei war.
Das rohe Geschwätz der Hirten verstummte.
Später wurden aus ihnen Könige in der Geschichte.
Der Wind, der sehr kalt war
Wurde zum Engelsgesang.
Ja, von dem Loch im Dach,
das den Frost einließ, blieb nur
          Der Stern, der hineinsah.
          Alles dies
          Kam vom Gesicht ihres Sohnes,
der leicht war
          Gesang liebte
          Arme zu sich lud
          Und die Gewohnheit hatte,
unter Königen zu leben
          Und einen Stern über sich zu sehen
zur Nachtzeit.

Bertolt Brecht

Ankündigung der Geburt Jesu

Bibel, Lukas 1, 26-38

Und im sechsten Monat ward der Engel Gabriel gesandt von Gott in eine Stadt in Galiläa, die heißt Nazareth, zu einer Jungfrau, die vertraut war einem Manne mit Namen Joseph, vom Hause David; und die Jungfrau hieß Maria. Und der Engel kam zu ihr hinein und sprach: Gegrüßet seist du, Hochbegnadete! Der Herr ist mit dir! Sie aber erschrak über seine Rede und dachte bei sich selbst: Welch ein Gruß ist das? Und der Engel sprach zu ihr: Fürchte dich nicht, Maria, du hast die Gnade bei Gott gefunden. Siehe, du wirst schwanger werden und einen Sohn gebären, des Namen sollst du Jesus heißen. Der wird groß sein und ein Sohn des Höchsten genannt werden; und Gott der Herr wird ihm den Thorn seines Vaters David geben, und er wird ein König sein über das Haus Jakob ewiglich, und seines Reichs wird kein Ende sein. Da sprach Maria zu dem Engel: Wie soll das zugehen, da ich doch von keinem Manne weiß? Der Engel antwortete und sprach zu ihr: Der heilige Geist wird über dich kommen, und die Kraft des Höchsten wird dich überschatten; darum wird auch das Heilige, das von dir geboren wird, Gottes Sohn genannt werden. Und siehe, Elisabeth, deine Verwandte, ist auch schwanger mit einem Sohn in ihrem Alter und geht jetzt im sechsten Monat, von der man sagt, dass sie unfruchtbar sei. Denn bei Gott ist kein Ding unmöglich. Maria aber sprach: Siehe, ich bin des Herrn Magd; mir geschehe, wie du gesagt hast. Und der Engel schied von ihr.

Nikolaus

Sankt Niklas

Gott grüß' euch, liebe Kinderlein,
ihr sollt Vater und Mutter gehorsam sein,
so soll euch was schönes bescheret sein.
Wenn ihr aber das nicht tut,
so bring' ich euch Stecken und Rut'.

Volksgut

Zum Thema

Der Heilige Nikolaus, ist nach der Jungfrau Maria der beliebteste Heilige. Er wird überall zutiefst verehrt, wird zum Beschützer für alle Arten von Gruppen erhoben (Berufe, soziale Zugehörigkeit, Geschlechter, etc) und ist bis zum 16. Jahrhundert der einzige Geschenkebringer. Seine Gestalt geht auf zwei historische Persönlichkeiten zurück, nämlich auf Bischof Nikolaus, der im dritten Jahrhundert im griechischen Patras, dem heutigen türkischen Demre lebte und auf Nikolaus Sionites, der im sechsten Jahrhundert Bischof von Pinara in Lykien war. Bis zum Entwurf von Disney, der ihm fortan und weltweit ein coca-colarotes Gewand und einen weißen Rauschebart verpasste, tritt er im Bischofsgewand mit Stab, der Heiligen Schrift und den Dreieinigkeit darstellenden Goldkugeln auf. Was ihm nach wie vor bleibt, ist seine Güte. Zwar heißt es, er strafe unartige Kinder, aber das überlässt er ja letztlich seinen Gehilfen. Der Heilige Nikolaus ist eine vertrauensvolle, motivierende Autorität, die jedes Kinderherz anspricht und jedem Erwachsenherz ein Vorbild ist.

Die wunderbare Rettung aus großer Hungersnot

von Hermine König

Nikolaus war Bischof in der Stadt Myra, als es eine große Hungersnot gab. Es hatte viele Monate nicht geregnet. Die Pflanzen auf den Feldern waren vertrocknet und kein Getreide gewachsen. Das ganze Korn aus den Vorratsspeichern war aufgebraucht. Da legten eines Tages fremde Schiffe im Hafen von Myra an. Sie waren schwer beladen mit Getreide. Die Seeleute wollten in Myra frisches Trinkwasser an Bord holen. Die hungernde Menschen liefen sofort im Hafen zusammen und bettelten um Getreide. Aber die Seeleute wollten ihnen nichts geben. Da eilten einige zu ihrem Bischof Nikolaus.

Er ging mit ihnen zum Hafen und verhandelte mit den Seeleuten. Aber die sagten: »Wir müssen das ganze Korn zu unserem Kaiser bringen. Sonst lässt er uns ins Gefängnis werfen.« Da antwortete Bischof Nikolaus: »Ihr könnt uns ruhig Korn hier lassen. Was ihr für die hungrigen Menschen tut, das wird euch nicht zum Schaden werden. Gott selbst wird alle eure Schiffe wieder füllen, bis ihr beim Kaiser ankommt.« Es war wirklich ein Wunder, dass die Seeleute sich erbarmten und anfingen, reichlich Korn auszuladen.

Der Bischof selbst verteilte es, damit jeder gleich viel bekam. Einen Teil ließ er als Saatgut für die Felder zurück. Nun konnte Brot gebacken werden. Zuerst ließ Bischof Nikolaus Brot an die hungrigen Kinder austeilen. So kommt es, dass noch heute in Erinnerung daran die Kinder am Nikolaustag mit allerlei Backwerk beschenkt werden.

Später hörten die Leute aus Myra von Reisenden, dass auf den Schiffen der Seeleute tatsächlich kein Korn gefehlt hatte, als sie bei ihrem Kaiser ankamen.

Ochs und Esel

Zum Thema

Ganz natürlich hatten Tiere schon immer in der Geschichte des Lebens ihren Platz an der Seite von Menschen. Genauso in der Weihnachtsgeschichte, in der alle Elemente des sozialen Miteinander dargestellt sind: Reiche und Arme, Einzelgänger und Gruppen, Erwachsene und Kinder, eine Frau und Männer – Tiere und Menschen.
Und ganz offensichtlich ist es nötig, immer wieder daran erinnert zu werden, dass alle Wesen teilhaben am Heiligen.

Tierweihnachten

Das Eichhorn feiert Weihnachten mit Nüssen,
mit vielen Nüssen, irgendwo im Baum.
Forellen schießen Purzelbaum in Flüssen.
Das Murmeltier träumt einen Sommertraum.

Die Krähe krächzt: Recht gute Feiertage!
Die kleinen Spatzen wackeln mit dem Schwanz.
Der Uhu macht wie stets die Nacht zum Tage.
Die Maus tanzt einen Weichnachtsabendtanz.

Der Eisbär auf dem Eisberg winkt den Vögeln.
Der Braunbär dreht sich wohlig um im Bau.
Die Möwen, die im Winterwinde segeln,
sie fangen sich zum Fest den Kabeljau.

Die Unke übt ein freundliches Gemunkel.
Der Käfer hockt vergnügt im warmen Mist.
Und manches Schaf erinnert sich sehr dunkel,
dass dieses Fest der Tag der Hirten ist.
Die schwankenden Kamele in der Wüste
erzählen sich beim Lagern irgendwo,
dass einst ein Kindchen die Kamele grüßte,
das auf dem Esel nach Ägypten floh.

Nur Ochs und Esel stehen an den Seiten
der Futterkrippe ganz versunken da.
Sie wissen, was vor langen, langen Zeiten
An einer Krippe unterm Stern geschah.

James Krüss

Ochs und Esel bei der Krippe

von Jules Supervielle

Auf der Straße nach Bethlehem trug der Esel, geführt von Joseph, die Jungfrau; wenig wog sie, von nichts belastet als von der Hoffnung in ihr. Der Ochs folgte ihnen; er ging allein. Da waren die Wanderer in der Stadt, richteten sich in einem verlassenen Stall ein, und Joseph machte sich gleich an die Arbeit.

»Diese Menschen«, dachte der Ochs, »sind doch erstaunlich. Da siehst du, was sie mit ihren Händen und ihren Armen alles fertig bringen; die sind freilich mehr wert als bei uns Huf und Fessel. Und unser Meister: nicht seinesgleichen hat er doch im Hantieren und Sortieren; er kann Verwickeltes einrichten und Rechtes verwickeln, und alles Nötige macht er unverdrossen und ist nie traurig.«

Joseph geht nun hinaus, kommt aber gleich wieder; Stroh hat er auf dem Rücken, aber was für Stroh! So starkes und wie von der Sonne durchstrahlt; es sieht aus, als ob ein Wunder komme.

»Was wird denn da«, fragte sich der Esel, »das könnte ja ein Kinderbett werden.«

»Euch werden wir vielleicht diese Nacht nötig haben«, sagt die Jungfrau zu Ochs und Esel. Die Tiere sehen sich lange an und versuchen zu begreifen; dann legen sie sich hin.

Eine feine Stimme, die aber gerade den ganzen Himmel durchdrang, weckte sie alsbald wieder auf. Der Ochs stellt sich auf und hat vor sich in der Krippe ein Kindlein, nackt und schlafend; das wärmt er nach allen Regeln der Kunst, ohne eine auszulassen, mit seinem Atem.

Lächelnden Blicks dankt ihm die Jungfrau.

Wesen mit Flügeln kommen und gehen; sie tun, als ob sie die Mauern nicht sähen, durch die sie so einfach hindurchdringen.

Da kommt Joseph zurück, mit Windeln, von einer seiner Nachbarinnen gestellt. »Sonderbar ist das«, sagt er mit seiner Zimmermannsstimme, die hier ein wenig zu laut klang, »es ist Mitternacht und doch Tag. Drei Sonnen sind da statt einer; aber die wollen zusammen.«

Im Dämmern steht der Ochs wieder auf, setzt die Hufe vorsichtig, aus Furcht, das Kind aufzuwecken oder eine himmlische Blüte zu zerstören oder einem Engel weh zu tun. Wie ist doch alles seltsam schwierig geworden!

Nachbarn besuchen Jesus und die Jungfrau. Es sind arme Leute, die nur ihre strahlenden Gesichter zu verschenken haben. Und dann kommen noch andere und bringen Nüsse und ein Flötchen.

Ochs und Esel gehen ein wenig beiseite, um sie herantreten zu lassen, und fragen sich, welchen Eindruck sie selbst wohl auf das Kind machen. Gesehen hat es sie bis jetzt noch nicht; gerade wacht es auf.

»Ungetüme sind wir doch nicht«, meint der Esel.

»Ja, aber unser Gesicht: Es sieht so anders aus als seins und das der Eltern – wir könnten es erschrecken.«

»Die Krippe, der Stall und das Dach mit dem Balkon, die haben noch weniger ein ähnliches Gesicht, und doch hat es sich nicht erschreckt.«

Doch der Ochs war nicht überzeugt, er dachte an seine Hörner und sinnierte: »Es ist wirklich recht peinlich, dass man sich denen nicht nähern kann, die man am meisten liebt, ohne dass es gleich nach Drohung aussieht. Immer muss ich Obacht geben, um nicht irgendwen zu verletzen; dabei liegt es gar nicht in meiner Natur, mich ohne tieferen Grund an Personen oder an Dinge heranzumachen. Ich bin nicht bös und auch nicht giftig. Aber überall, wo ich gehe – sind auch die Hörner; ich wache mit ihnen auf, selbst wenn ich noch so müde bin und nicht mehr weiß, was ich tue: Die beiden spitzen, die beiden harten bleiben und vergessen mich nicht. Mitten in der Nacht habe ich sie zu fühlen, tief im Traum.«

Auf einmal hatte der Ochs Angst; er dachte, wie nahe er dem Kind gewesen war, als er es wärmte. Wenn er es nun versehentlich mit den Hörnen gestoßen hätte.

»Du darfst ja nicht allzu nahe zu dem Kleinen gehen«, sagte der Esel, der den Gedanken seines Gefährten erriet, »nicht einmal daran denken darfst du; du träfest ihn. Und dann könntest du ja auch etwas Speichel verlieren. Du hältst ihn nicht bei dir, und das wäre unsauber. Übrigens, warum ist das bei dir so mit dem Speichel, wenn du dich glücklich fühlst? Behalt das doch für dich! Du brauchst es nicht vor aller Welt zu zeigen.« (Der Ochs schwieg.)

»Ich aber will ihm meine beiden Ohren hinhalten, verstehst du: Die bewegen sich , sogar nach allen Seiten, und weil kein Knochen drin ist, sind sie weich zum Anfassen. Das beunruhigt und beruhigt gleichzeitig und ist gerade das Richtige, ein Kind zu unterhalten. In seinem Alter ist es auch lehrreich.«

»Ja, ich verstehe, das Gegenteil habe ich nie behauptet; ich bin doch nicht dumm.«

Doch da der Esel reichlich zufrieden aussah, sagte der Ochs noch: »Aber, dass du dich nicht unterstehst, ihm ins Gesicht zu schreien, damit tötest du es.«

»Bauer!« sagte der Esel. [...]

Plätzchen

Zum Thema

Plätzchen, Stollen, Lebkuchen, gebrannte Mandeln und Maronen, Bratäpfel, Glühwein und Punsch. Der Advent und Weihnachten sind die Zeit der sinnlich versüßten Freude.

Früher bedeutete dies nicht mehr als ein gemeinsames Mahl am Heiligen Abend, zu dem eine nicht-alltägliche Speise gereicht wurde, z. B. ein Topf heißer Kartoffeln. In reicheren Familien gab es auch einen Nachtisch, z. B. eine Süßspeise oder ein Gebäck. Nur die Reichsten kamen in den Genuss von Lebkuchen, der aufgrund seiner exotischen Gewürzmischung nahezu unerschwinglich war. Lange wurden Tannenbäume mit Süßwaren geschmückt und anstelle von den heute üblichen Geschenken ab dem ersten Feiertag geplündert. Dieser Brauch mündete in dem bekannten bunten Teller und die Industrie tat ein weiteres, ihre Schoko-Nikoläuse an die Kinder zu bringen.

Hierzulande ist es sicher die Zeit des Schlemmens und der kulinarischen Genüsse. Woanders haben sie selbst an diesem Tag noch immer nicht eine warme Mahlzeit …

M N O P R S T U V W X Z

Frankfurter Brenten

Mandeln erstlich, rat ich dir,
Nimm drei Pfunde, besser vier
(Im Verhältnis nach Belieben);
Diese werden nun gestoßen
Und mit ordinärem Rosen –
Wasser feinstens abgerieben.
Je aufs Pfund Mandeln akkurat
Drei Vierling Zucker ohne Gnad.
Denselben in den Mörsel bring,
Hierauf ihn durch ein Haarsieb
schwing!
Von deinen irdenen Gefäßen
Sollst du mir dann ein Ding erlesen, –
Was man sonst eine Kachel nennt;
Doch sei sie neu zu diesem End!
Drein füllen wir den ganzen Plunder
Und legen frische Kohlen unter.
Jetzt rühr und rühr ohn Unterlass,
Bis sich verdicken will die Mass',

Und rührst du eine Stunde voll:
Am eingetauchten Finger soll
Das Kleinste nicht mehr hängen bleiben;
So lange müssen wir es treiben.
Nun aber bringe das Gebrodel
In eine Schüssel (der Poet,
Weil ihm der Reim vor allem geht,
Will schlechterdings hier ein Model,
Indes der Koch auf ersterer besteht)!
Darinne drücks zusammen gut;
Und hat es über Nacht geruht,
Sollst dus druchkneten Stück für Stück,
Auswellen messerrückendick
(Je weniger Mehl du streuest ein,
Um desto besser wird es sein).
Alsdann in Formen seis geprägt,
Wie man bei Weingebacknem pflegt;
Zuletzt, – das wird die Sache frommen,
Den Bäcker scharf in Pflicht genommen,
Dass sie schön gelb vom Ofen kommen!

Eduard Mörike

Der Bäckerengel

von Sybil Gräfin Schönfeldt

Im Sommer hatte er viel freie Zeit. Tagelang schwebte er im Blauen und starrte nach unten. Ihm gefiel die Erde, die er nicht kannte, weil er ein Engel war.

An einem Wintertag passte er nicht auf. Der Sturm fegte ihn von der Wolke, und ehe er seine goldenen Flügel ausbreiten konnte, waren sie ihm abgerissen. Er stürzte durch Regen und Schneetreiben ab, in ein Tannendickicht, und dort blieb er betäubt liegen.

Als er erwachte, fror er in seinem Engelshemd. Er spürte kalte, harte Steine unter seinen Sohlen, splittriges Eis zerschnitt die zarte Haut, er setzte vorsichtig einen Fuß vor den anderen, musste um sein Gleichgewicht kämpfen, stürzte immer wieder auf die grobe Erde, empfand zum ersten Mal Schmerzen, konnte aber nicht weinen, weil er noch keine Tränen hatte.

Er schob sich aus dem Tannendickicht und sein dünnes Hemd zerriss. Er schaute nach oben, aber die Schneeflocken wirbelten so dicht, dass er keinen Himmel sah. Er hob die Arme. Er stieß sich mit den Füßen ab, reckte sich in die Höhe, aber nichts geschah, kein leichtes, rauschendes Gefühl des Schwebens.

So ging er den Waldweg weiter, zwischen verschneiten Stoppelfeldern hindurch, bis er die Dächer eines Dorfes hinter den Hecken sah.

Er spürte die Wärme zwischen den Mauern und lief schneller über den weichen glatten Schnee.

Hinter der ersten Scheune bauten Kinder einen Schneemann. Als sie den Engel in seinem zerfetz-

ten Hemd sahen, starrten sie ihn zuerst schweigend an, dann lachten sie und verspotteten ihn. Er verstand aber nicht, was sie schrieen. Sie warfen mit Schneebällen nach ihm und er floh. Die Kinder rannten hinter ihm her und schrieen noch lauter.

Er lief um die Scheune herum, wieder aus dem Dorf hinaus, doch vor dem letzten Haus strauchelte er und die Kinder holten ihn ein und stießen ihn zu Boden.

Da ging die Tür auf und eine Frau trat heraus, um nachzuschauen, was das für ein Lärm wäre.

Als sie den Engel im Schnee sah, scheuchte sie die Kinder davon und hob den Engel auf.

Ihr war im Sommer ein Sohn gestorben, der nicht viel größer gewesen war, und sie gab dem Engel seine Kleider, zeigte ihm seine Kammer und sein Bett und kochte ihm eine Suppe.

Ihrem Mann gefiel das fremde Kind auch und so blieb der Engel bei ihnen. Er lernte Wort für Wort ihre Sprache und dann befreundete er sich auch mit den anderen Kindern. Er sagte jedoch nie, woher er gekommen war.

So verging der Winter und der Engel sah den Schnee schmelzen, hörte den Regen auf die Schollen prasseln, ging hinter dem Mann aufs Feld und führte das Pferd beim Säen und beim Eggen. Er half der Frau im Garten umgraben und Zwiebeln setzen, sah die Blumen aus der Erde wachsen, zupfte das Unkraut, und wenn er sich sonntags zwischen den Mann und die Frau auf die Kirchenbank setzte, erfüllte ihn eine unbestimmte Erwartung. Aber nichts geschah.

Er hörte die Sommergewitter grollen, sprang mit den anderen Kindern über das Johannisfeuer, schüttelte mit ihnen Pflaumen und pflückte im Wald Beeren und Haselnüsse. Wenn er zu der Stelle im Tannendickicht kam, blieb er ste-

hen und schaute empor. Er sah blauen Himmel, er sah Regenwolken, er sah einmal eine blasse Mondscheibe, und wenn er ein Mensch gewesen wäre, hätte er vor Sehnsucht geweint.

Dann wurden die Tage kürzer, morgens hing ein Dunst über den Wiesen und der Mann und der Engel pflückten die letzten Birnen und Äpfel. Die dicksten legte die Frau in die Ofenröhre, und wenn sie das heiße, weiche, süße Fleisch gegessen hatten, zog die Frau den Engel auf den Schoß und erzählte mit leiser Stimme: Es war einmal ...

Der Engel lauschte den Geschichten, aber er fragte niemals: Was ist ein Riese? Was ist ein Zwerg? Was ein Löweneckerchen? Er saß gern auf dem Schoß der Frau, schaute gern in die rote Glut und hörte die leise, sanfte Stimme.

Als es kälter wurde, als alles Laub von den Bäumen gefallen war, begann er zu backen, wie er es zu dieser Jahreszeit gewohnt war. Die Frau erlaubte es ihm, weil sie ihm die Freude lassen wollte. Sie schaute seinen kleinen Händen zu, die vor Eile und Eifer silbern glänzten und sonderbar leicht mit dem Teig verfuhren. Sie half ihm die ersten Lebkuchen auf ein Blech zu legen, und als sie gebacken waren, kostete sie ohne große Erwartung davon. Doch das Gebäck zerschmolz ihr im Munde und es schmeckte besser als alles, was sie je in ihrem Leben gegessen hatte. So backte der Engel bald voller Vergnügungen für die ganze Nachbarschaft und für alle Freunde.

In einer Winternacht pochte es an die Tür, und als dir Frau öffnete, trat ein weißbärtiger Mann ein. Er sagte, er habe den Weg verloren, und die Frau hielt ihn für einen Reisenden und bot ihm den Platz am Ofen an.

Der Engel jedoch, der durch den Spalt der Küchentür lugte, erkannte, wer es war: Knecht Ruprecht. Der Knecht trank heißen Pfefferminztee und biss in ein Stück vom Engelsgebäck. Erstaunt blickte er auf und fragte: »Woher hast du den Kuchen?« »Mein Junge hat ihn gemacht«, erwiderte die Frau und zog den Engel in die Küche. Er blieb stumm vor dem Knecht stehen und wagte nicht, aufzublicken. Der Knecht beugte sich vor, schaute ihm ins Gesicht und sagte dann: »Du bist der Bäckerengel, den ich suchen soll.«

»Ja«, antwortete der Engel, »nimmst du mich wieder mit?«

Der Knecht nickte, doch da warf sich der Engel der Frau an den Hals und brach in Tränen aus. »Ich war so gern bei dir«, schluchzte er.

Sie verstand nicht, was geschehen war, und der Knecht berichtete, wen sie ein Jahr lang als einen Sohn beherbergt hatte.

Da küsste sie den Engel und sagte: »Freu dich, mein Kind, dass du heimkehren kannst. Ich bleibe ja nicht allein zurück und wir behalten dich lieb und werden unser Lebtag an dich denken.« Er schaute den Mann an, und als der auch nickte, bedankte sich der Engel bei den beiden, ergriff Knecht Ruprechts Hand und trat mit ihm aus dem Haus.

Als sie ein paar Schritte gegangen waren, brach ein Licht wie ein Weg aus der Nacht und sie betraten diese Straße und gingen zurück in den Himmel.

Ruprecht

M N O P R S T U V W X Z

Knecht Ruprecht

Draußen weht es bitterkalt,
wer kommt da durch den Winterwald?
Stipp-stapp, stipp-stapp und huckepack –
Knecht Ruprecht ist's mit seinem Sack.
Was ist denn in dem Sacke drin?
Äpfel, Mandel und Rosin'
und schöne Zuckerrosen,
auch Pfeffernüss' fürs gute Kind;
die andern, die nicht artig sind,
klopft er auf die Hosen.

Martin Boelitz

Zum Thema

Knecht Ruprecht hat je nach Region viele Namen und Gesichter und sogar ein historisches Vorbild in dem kurpfälzischen Hofmarschall Hans von Dratt. Knecht Ruprecht ist der Helfer des Nikolaus, trägt den schweren Gabensack und übernimmt die unbeliebte Aufgabe des Strafens.

Mit seinem Auftauchen im 16. Jahrhundert differenzierten sich die Gabenbringer und der Weihnachtsmann übernahm von der Zeit an die Aufgabe des Geschenkebringens am 24. bzw. 25. Dezember. Nikolaus, Knecht Ruprecht und Christkind, die sich diese Aufgabe erst seit kurzem teilen, erscheinen nun am Namenstag des Heiligen Nikolaus, dem 6. Dezember. Das Christkind wird zunehmend mit dem Jesuskind gleich gesetzt und leistet deshalb schon bald dem Weihnachtsmann am 24. Dezember Gesellschaft.

Ruprecht

Knecht Ruprecht bekommt mancherorts eigene Legenden, Bräuche und Feste. Er versinnbildlicht zunehmend das Böse, doch sein Auftritt als Zensor hat überwiegend reinigende Wirkung und wer bedurfte nicht der Reinigung und Läuterung?

Knecht Ruprecht

Von drauß, vom Walde komm ich her.
Ich muss euch sagen, es weihnachtet sehr!
Allüberall auf den Tannenspitzen
Sah ich goldene Lichtlein blitzen.
Und droben aus dem Himmelstor
Sah mit großen Augen das Christkind hervor.

Und wie ich so strolcht
durch den finsteren Tann,
Da rief's mich mit heller Stimme an:
Knecht Ruprecht, rief es, alter Gesell,
Hebe die Beine und spute dich schnell!

  Die Kerzen fangen zu brennen an,
  Das Himmelstor ist aufgetan.
  Alt und Junge sollen nun
  Von der Jagd des Lebens einmal ruhn.
  Und morgen flieg ich hinab zur Erden,
  Denn es soll wieder Weihnachten werden!

Ich sprach: O lieber Herre Christ,
Meine Reise fast zu Ende ist.
Ich soll nur noch in diese Stadt,
Wo's eitel gute Kinder hat.

  Hast denn das Säcklein auch bei dir?
  Ich sprach: Das Säcklein, das ist hier,
  Denn Äpfel, Nuss und Mandelkern
  Essen fromme Kinder gern.
  Hast denn die Rute auch bei dir?
  Ich sprach: Die Rute, die ist hier.
  Doch für die Kinder nur, die schlechten,
  Die trifft sie auf den Teil, den rechten.

Christkindlein sprach: So ist es recht.
So geh mit Gott, mein treuer Knecht!

  Von drauß vom Walde komm ich her.
  Ich muss euch sagen, es weihnachtet sehr!
  Nun sprecht, wie ich's hierinnen find:
  Sind's gute Kind, sind's böse Kind?

  Theodor Storm

M N O P R S T U V W X Z

Stern

Zum Thema

Matthäus ist der Jünger, der den Stern von Bethlehem (Matthäus 2,1) erwähnt und der Weihnachtsgeschichte so ein weiteres grundlegendes Element zufügt. Was es damit tatsächlich auf sich hat, ist bis heute nicht einwandfrei geklärt, obwohl es einige Theorien dazu gibt. Der Stern ist das Symbol, das die ganze Natur und das weite, unkontrollierbare, göttliche All an dem einmaligen Geschehen beteiligt. Der Stern legitimiert und manifestiert die Göttlichkeit des Ereignisses und gibt uns das Gefühl eines großen Plans, einer höheren Macht. Er ist der ganzen Welt sichtbar und umgekehrt kann auch er die ganze Welt »überschauen«.

Der Stern

Hatt' einer auch fast mehr Verstand
Als wie die drei Weisen aus Morgenland
und ließe sich dünken, er wäre wohl nie
dem Sternlein nachgereist, wie sie;
dennoch, wenn nun das Weihnachtsfest
seine Lichtlein wonniglich scheinen lässt,
fällt auch auf sein verständig Gesicht,
er mag es merken oder nicht,
ein freundlicher Strahl
des Wundersternes von dazumal.

Wilhelm Busch

M N O P R S T U V W X Z

Licht in der Nacht

von William A. Anderson

Es war ein bitterkalter Abend, weit und leer. Über den Hügel flimmerte ein heller Stern, als sei er aus Rauschgold gemacht und ganz oben am Weihnachtsbaum aufgehängt. Die unbewegte Luft schien zu tönen wie das Innere einer großen, eisernen Glocke. Drinnen aber in unserem gemütlichen Farmhaus strahlten die rotglühenden Öfchen eine gute Wärme aus. Der Abendbrottisch war gedeckt, und ich hatte es mir eben bequem gemacht, als Bruce, unser kleiner Sohn, die Treppe heruntergeschritten kam – gespenstisch anzuschauen in seinem langen weißen Nachthemd, mit einem Mäntelchen aus purpurfarbenem, silberdurchwirktem Stoff über den Schultern. In der einen Hand hielt er eine gewaltige Krone aus gelber Pappe mit Rauschgold, und von der anderen hing ein reichverziertes Weihrauchgefäß herab. Seine Füße steckten in dünnen, schlappenden Sandalen. »Was in aller Welt soll denn das darstellen?«, lachte ich. Meine Frau betrachtete den Buben kritisch, gleichzeitig aber voll Teilnahme und Zärtlichkeit. »Er ist doch einer von den Weisen aus dem Morgenland«, erklärte sie leicht entrüstet. Der Blick, den sie mir dabei zuwarf, erinnerte mich unmissverständlich an mein Versprechen, unseren Sohn rechtzeitig zur Weihnachtsaufführung zum Schulhaus in die Stadt zu bringen. Ich schauderte bei dem Gedanken an die Kälte draußen, zog aber meinen dicken Mantel über und ging tapfer durch die Finsternis zur Garage.

Die Batterie in dem alten Wagen war längst tot, aber dank jener unberechenbaren Launen der Technik sprang der Motor sofort an. Doch noch ehe wir auf die Hauptstraße kamen, stand der Karren bereits wieder still. Mir sank das Herz. Ich schaute Bruce an, der aber hielt Krone und Weihrauchfass mit beiden Armen umklammert und starrte den endlosen Weg hinab, bis dorthin, wo er zwischen den einsamen Hügeln verschwand. Die Ortschaft lag mehr als anderthalb Meilen entfernt, und bis zur nächsten Tankstelle waren es noch über zwei Meilen. Bruce sagte immer noch kein Wort, nur waren seine Augen jetzt auf den großen Stern geheftet, der genau über dem zackigen Berggrat schimmerte. Eine unbe-

hagliche Empfindung regte sich in mir, denn ich erkannte plötzlich, dass der Junge betete. Auch er hatte sein Versprechen gegeben, und jetzt betete er, dass ihn nur ja nichts davon abhalten möge, einen von den drei Weisen darzustellen an diesem verzauberten Weihnachtsabend. Ich mühte mich und rackerte mich mit dem Wagen ab – umsonst. Als ich wieder aufsah, war Bruce fort. Ein gutes Stück unten hastete er den Weg entlang, mit der einen Hand sein Gewand zusammenraffend, mit der anderen das Weihrauchfass schwenkend, die hohe goldene Krone schief über dem Kopf. Ich wusste nicht, ob ich lachen oder ihm nachrufen sollte. Dann machte ich mich von neuem über den Wagen her. Schließlich gab der Motor ein heiseres Krächzen von sich. Ich kletterte ins Auto, fuhr los und überholte Bruce genau dort, wo die Chaussee in die Stadt einmündete. »Du hättest nicht davonlaufen sollen«, knurrte ich. »Es ist doch viel zu kalt.«

»Ich hatte den Weihrauch im Fässchen angezündet«, sagt er. »Ich bin ganz warm geblieben. Außerdem hab ich mich immer nach dem Stern gerichtet und ein großes Stück abgeschnitten, quer durch Basoines Farm und grad bei der neuen Hütte bin ich wieder rausgekommen.« Er zitterte vor Kälte. »Du hättest dir die Füße erfrieren können!« »Ach, so schlimm war das nicht.«

Wir kamen beizeiten im Schulhaus an. Ich stand ganz hinten unter den Zuschauern. Als ich Bruce kommen sah, wie er steifbeinig auf seinen wundgelaufenen und halb erfrorenen Füßen einherschritt, vor der Krippe niederkniete und sein Sprüchlein aufsagte, stieg wider Willen eine gewis-

se Erfurcht in mir auf. Als wir auf dem Heimweg waren, zeigte mir Bruce die Stelle, an welcher der Abkürzungsweg auf die Straße traf. »Da wohnen die Thompsons«, sagte er und fügte hinzu: »Harry Thompson ist dort gestorben!«

Als wir bei den Basoines vorbeikamen, war das Haus hell erleuchtet. Das kam mir sonderbar vor. Denn seit George Basoine fortgegangen war, um in der Fremde sein Glück zu machen, war die Großmutter, die ihren jüngsten Sohn im Krieg verloren hatte, ganz zusammengefallen, und Trübsinn lag über dem Haus. Ich fuhr ganz langsam vorbei und konnte durch das Küchenfenster Lou Basoine sehen, wie er seine Pfeife rauchte und sich mit seiner Frau und seiner Mutter unterhielt.

Das war so ziemlich alles, was von diesem Abend zu berichten ist. Aber am Morgen des ersten Weihnachtsfeiertages kam eine freundliche Nachbarin mit einer Wildpastete und einem großen Krug Apfelwein zu uns. Sie ging in die Küche, wo meine Frau damit beschäftigt war, das Weihnachtsmahl zuzubereiten. Als ich lautes Gelächter hörte, schlenderte ich auch in die Küche hinüber, denn für ländlichen Klatsch habe ich eine Schwäche.

»Du musst das hören!«, rief mein Frau mir zu. Die Nachbarin sah mich mit glänzenden, aber etwas argwöhnischen Augen an. »Sie brauchen's meinetwegen nicht zu glauben«, sage sie, »Doch ich sag' Ihnen trotzdem, die Leute, die hier in den Bergen leben, sehen mehr, als ein Mensch sonst sieht, und sie glauben auch daran.« »Was haben Sie denn gesehen?«, erkundigte ich mich neugierig. »Ich nicht. Es war die alte Mutter Basoine. Gestern Abend, als ihr wieder einmal so recht elend zumute war, kam's ihr so

vor, als höre sie etwas hinter der Scheune, und sie schaute hinaus. Nun muss ich von der alten Frau sagen, sie hat noch scharfe Augen. Der Mond schien zwar nicht, aber es war, wenn sie sich erinnern, eine helle Sternennacht. Und da sah sie, klar wie bei Tage, einen von den Heiligen Drei Königen aus der Bibel den Hügel hinunterkommen, mit einer goldenen Krone auf dem Kopf und so einem Topf mit Rauch in der Hand, den er hin und her schwenkte ...«

Meine Frau und ich schauten einander an, doch ehe ich etwas sagen konnte, fuhr die Nachbarin voller Eifer fort: »Lachen Sie jetzt nicht. Es gibt noch andere Zeugen! Die Thompsons. Sie wissen doch, die, denen ihr ältester Junge gestorben ist! Dort hörten ihn zuerst die Kinder. Er sang: ›Herbei, o ihr Gläubigen‹, ganz deutlich. Sie liefen ans Fenster, und dann sahen sie einen der Heiligen Drei Könige im Sternenlicht, goldene Krone und langes Gewand und Feuertopf und alles!«

Die Nachbarin schaute mich herausfordernd an. »Alte Leute und Kinder sehen Dinge, die wir vielleicht nicht sehen. Ich kann nur das eine sagen: Die Basoines und die Thompsons kennen einander nicht mal. Aber die alte Mutter Basoine fühlte sich einsam und dachte trauernd an ihren gefallenen Sohn, und die Thompsons fühlten sich auch einsam und traurig, weil dies das erste Weihnachten ohne Harry war, und sie haben auch zum Herrgott gebetet. Ich sage Ihnen, es war ein rechter Trost für sie, zu sehen und zu glauben!«

Es wurde still in der Küche. Die beiden Frauen blickten mir fragend ins Gesicht, vielleicht in der

Erwartung, einem Ausdruck der Ungläubigkeit zu begegnen, da ich kein sehr religiös gesinnter Mensch bin. Aber was immer sie auch erwarten mochten: was kam, war eine Überraschung für sie.

Mir war an jedem Weihnachtsabend kein Wunder erschienen, aber was ich gesehen hatte, war viel eindrucksvoller als jene übernatürliche Erscheinung: Ein kleiner Junge aus Fleisch und Blut, der querfeldein dem Stern nachging, der Jahrhunderte zuvor die Drei Könige nach Bethlehem geführt hatte. Es lag mir fern, die Standhaftigkeit und Gläubigkeit zu verleugnen, die ich in jener Nacht in den Augen meines Sohnes gesehen hatte.

Und so sagte ich mit einer Aufrichtigkeit, die für die beiden Frauen beglückend war: »Ja, ich glaube, zur Weihnachtszeit ist uns Gott sehr nahe!«

Tannenbaum

Zum Thema

Ohne Weihnachtsbaum geht es für viele Menschen nicht. Ob Nordmannstanne oder Serbische Fichte, von riesig für's Kirchenschiff bis klein für die Fensterbank, ob gefällt oder im Topf, für die Familie und den Single, echt oder künstlich. Nein, ohne geht es nicht, aber das erst seit kurzem. Denn der Tannenbaum ist das jüngste Element des traditionellen Weihnachtsschmucks und damit auch das, das sich am weitesten von den christlichen Grundlagen entfernt. Sein Siegeszug begann vor ungefähr 400 Jahren zögerlich und erst vor gut 100 Jahren schaffte er den Durchbruch in unsere Wohnzimmer und Herzen. Seine Symbolik zeigt den Lebensbaum und das Immergrün, beides Elemente der Hoffnung. Krippen und Geschenke lassen sich ideal darunter drapieren und Gedichte aufsagende Kinder daneben platzieren. Seine Zweige lassen sich wunderbar mit glitzernden Lichtern, Kugeln, Engeln, Lametta und Engelshaar, Äpfeln, Keksen und Süßem schmücken. Der Christbaum macht's erst richtig feierlich.

Der Weihnachtsbaum

Steht er da, der Weihnachtsbaum,
wie ein bunter, goldner Traum,
spiegelt Unschuldkinderglück,
all sein Paradies zurück.

(...)

Blüh denn, leuchte, goldner Baum,
Erdentraum und Himmelstraum,
blüh und leucht in Ewigkeit
durch die arme Zärtlichkeit!

(...)

Ernst Moritz Arndt

Unterm Tannenbaum

von Theodor Storm

Ein paar Mal hatte Harro mit bescheidenem Finger an die Tür gepocht, und ein leises »Geduld!« der Mutter war die Antwort gewesen. Endlich trat Frau Ellen selbst herein. Lächelnd – aber ein leiser Zug von Weh war doch dabei – streckte sie ihre Hände aus und zog ihren Mann und ihren Knaben, jeden bei einer Hand, in die helle Weihnachtsstube.

Es sah freundlich genug aus. Auf dem Tische in der Mitte, zwischen zwei Reihen brennender Wachskerzen, stand das kleine Kunstwerk, das Mutter und Sohn in den Tagen vorher sich selbst geschaffen hatten, ein Garten im Geschmack des vorigen Jahrhunderts mit glattgeschorenen Hecken und dunkeln Lauben; alles von Moos und verschiedenem Wintergrün zierlich zusammengestellt. Auf dem Teiche von Spiegelglas schwammen zwei weiße Schwäne; daneben vor dem chinesischen Pavillon standen kleine Herren und Damen von Papiermaché in Puder und Kontuschen. – Zu beiden Seiten lagen die Geschenke für den Knaben; eine scharfe Lupe für die Käfersammlung, ein paar bunte Münchener Bilderbogen, die nicht fehlen durften, von Schwind und Otto Speckter; ein Buch in rotem Halbfranzband; dazwischen ein kleiner Globus in schwarzer Kapsel, augenscheinlich schon ein altes Stück. »Es war Onkel Erichs letzte Weihnachtsgabe an mich«, sagte der Amtsrichter; »nimm du es nun von mir! Es ist mir in diesen Tagen aufs Herz gefallen, dass ich ihm die Freude, die er mir als Kind gemacht, in späterer

Zeit nicht einmal wieder gedankt – nun haben sie mir den alten Herrn im letzten Herbst begraben!«

Frau Ellen legte den Arm um ihren Mann und führte ihn an den Spiegeltisch, auf dem heute die beiden silbernen Armleuchter brannten. Auch ihm hatte sie beschert; das erste aber, wonach seine Hand langte, war ein kleines Lichtbild. Seine Augen ruhten lange darauf, während Frau Ellen still zu ihm empor sah. Es war sein elterlicher Garten; dort unter dem Ahorn vor dem Lusthause standen die beiden Alten selbst, das noch dunkle volle Haar seines Vaters war deutlich zu erkennen.

Der Amtsrichter hatte sich umgewandt; es war, als suchten seine Augen etwas. Die Lichter an dem Moosgärtchen brannten knisternd fort; in ihrem Schein stand der Knabe vor dem aufgeschlagenen Weihnachtsbuch. Aber droben unter der Decke des hohen Zimmers war es dunkel; der Tannenbaum fehlte, der das Licht des Festes auch dort hinaufgetragen hätte.

Da klingelte draußen im Flur die Glocke, und die Haustür wurde polternd aufgerissen. »Wer ist denn das?«, sagte Frau Ellen; und Harro lief zur Tür und sah hinaus.

Draußen hörten sie eine raue Stimme fragen: »Bin ich denn hier recht beim Herrn Amtsrichter?« Und in demselben Augenblicke wandte auch der Knabe den Kopf zurück und rief: »Knecht Ruprecht; Knecht Ruprecht!« Dann zog er Vater und Mutter mit sich aus der Tür.

Es war der große bärtige Mann, der den beiden Spaziergängern vorhin oberhalb der Stadt begegnet war; bei dem Schein des Flurlämpchens sahen sie deutlich die rote Hakennase unter der beschneiten Pelzmütze leuchten. Sein langes Gepäck hatte er gegen die Wand gelehnt. »Ich habe das hier abzugeben!«, sagte er, indem er auch den schweren Quersack von der Schulter nahm.

»Von wem denn?«, fragte der Amtsrichter.

»Ist mir nichts von aufgetragen worden.«

»Wollt Ihr denn nicht näher treten?«

Der Alte schüttelte den Kopf. »Ist alles schon besorgt! Habt gute Weihnachten beieinander!« Und indem er noch einmal mit der großen Nase nickte, war er schon zur Tür hinaus.

»Das ist eine Bescherung!«, sagte Frau Ellen fast ein wenig schüchtern.

Harro hatte die Haustür aufgerissen. Da sah er die große dunkle Gestalt schon weithin auf dem beschneiten Wege hinausschreiten.

Nun wurde die Magd herbeigerufen, deren Bescherung durch dieses Zwischenspiel bis jetzt verzögert war; und als mit ihrer Hülfe die verhüllten Dinge in das helle Weihnachtszimmer gebracht waren, kniete Frau Ellen auf dem Fußboden und begann mit ihrem Trennmesser die Nähte des großen Packens aufzulösen. Und bald fühlte sie, wie es von innen heraus sich dehnte und die immer schwächer werdenden Bande zu sprengen strebte; und als der Amtsrichter, der bisher schweigend dabeigestanden, jetzt die letzten Hüllen abgestreift hatte und es aufrecht vor sich hingestellt hielt, da war`s ein ganzer mächtiger Tan-

nenbaum, der nun nach allen Seiten seine entfesselten Zweige ausbreitete. Lange schmale Bänder von Knittergold rieselten und blitzten überall von den Spitzen durch das dunkle Grün herab; auch die Tannäpfel waren golden, die unter allen Zweigen hingen.

Harro war indes nicht müßig gewesen, er hatte den Quersack aufgebunden; mit leuchtenden Augen brachte er einen flachen, grünlackierten Kasten geschleppt. »Horch, es rappelt!«, sagte er. »Es ist ein Schubfach darin!« Und als sie es aufgezogen, fanden sie wohl ein Schock der feinsten weißen Wachskerzen.

»Das kommt von einem echten Weihnachtsmann«, sagte der Amtsrichter, indem er einen Zweig des Baumes herunterzog, »da sitzen schon überall die kleinen Blechlampetten!«

Aber es war nicht nur ein Schubfach in dem Kasten; es war auch obenauf ein Klötzchen mit einem Schraubengang. Der Amtsrichter wusste Bescheid in diesen Dingen; nach einigen Minuten war der Baum eingeschroben und stand fest und aufrecht, seine grüne Spitze fast bis zur Decke streckend. – Die alte Magd hatte ihre Schlüssel mit Äpfeln und Pfeffernüssen stehen lassen; während die andern drei beschäftigt waren, die Wachskerzen aufzustecken, stand sie neben ihnen, ein lebendiger Kandelaber, in jeder Hand einen brennenden Armleuchter empor haltend. – Sie war aus der Heimat mit herübergekommen und hatte sich von allen am schwersten in den Brauch der Fremde gefunden. Auch jetzt betrachtete sie den stolzen Baum mit misstrauischen Augen. »Die goldenen Eier sind denn doch vergessen!«, sagte sie.

Der Amtsrichter sah sie lächelnd an: »Aber, Margret, die goldenen Tannäpfel sind doch schöner!«

»So, meint der Herr? Zu Hause haben wir immer die goldenen Eier gehabt.«

Darüber war nicht zu streiten; es war auch keine Zeit dazu. Harro hatte sich indessen schon wieder über den Quersack hergemacht. »Noch nicht anzünden!«, rief er, »das Schwerste ist noch darin!«

Es war ein fest vernageltes hölzernes Kistchen. Aber der Amtsrichter holte Hammer und Meißel aus seinem Gerätkästchen; nach ein paar Schlägen sprang der Deckel auf, und eine Fülle weißer Papierspäne quoll ihnen entgegen. – »Zuckerzeug!«, rief Frau Ellen und streckte schützend ihre Hände darüber aus. »Ich wittere Marzipan! Setzt euch; ich werde auspacken!«

Und mit vorsichtiger Hand langte sie ein Stück nach dem andern heraus und legte es auf den Tisch, das nun von Vater und Sohn aus dem umhüllenden Seidenpapier herausgewickelt wurde.

»Himbeeren!«, rief Harro. »Und Erdbeeren, ein ganzer Strauß!«

»Aber siehst du es wohl?«, sagte der Amtsrichter. »Es sind Walderdbeeren; so welche wachsen in den Gärten nicht.«

Dann kam, wie lebend, allerlei Geziefer; Hornisse und Hummeln, und was sonst im Sonnenschein an stillen Waldplätzen umherzusummen pflegt, zierlich aus Tragant gebildet, mit goldbestäubten Flügeln; nun eine Honigwabe – die Zellen moch-

ten mit Likör gefüllt sein –, wie sie die wilde Biene in den Stamm der hohlen Eiche baut; und jetzt ein großer Hirschkäfer, von Schokolade, mit gesperrten Zangen und ausgebreiteten Flügeldecken. »Cervus lucanus!«, rief Harro und klatschte in die Hände.

An jedem Stück war, je nach Größe, ein lichtgrünes Seidenbändchen. Sie konnten der Lockung nicht widerstehen; sie begannen schon jetzt den Baum damit zu schmücken, während Frau Ellens Hände noch immer neue Schätze ans Licht förderten.

Bald schwebte zwischen den Immen auch eine Schar von Schmetterlingen an den Tannenspitzen; da war der Himbeerfalter, die silberblaue Daphnis und der olivenfarbige Waldargus, und wie sie alle heißen mochten, die Harro hier vergebens aufzujagen gesucht hatte. – Und immer schwerer wurden die Päckchen, die eins nach dem andern von den eifrigen Händen geöffnet wurden. Denn jetzt kam das Geschlecht des größern Geflügels; da kam der Dompfaff und der Buntspecht, ein Paar Kreuzschnäbel, die im Tannenwald daheim sind; und jetzt – Frau Ellen stieß einen leichten Schrei aus – ein ganzes Nest voll kleiner schnäbelaufsperrender Vögel; und Vater und Sohn gerieten miteinander in Streit, ob es Goldhähnchen oder junge Zeisige seien, während Harro schon das kleine Heimwesen im dichtesten Tannengrün verbarg.

Noch ein Waldbewohner erschien; er musste vom Buchenrevier herübergekommen sein; ein Eichhörnchen von Marzipan, in halber Lebensgröße, mit erhobenem Schweif und klugen Augen. »Und nun ist's alle!«, rief Frau Ellen. Aber nein, ein schweres Päckchen noch! Sie öffnete es und verbarg es dann ebenso rasch wieder in beiden Händen. »Ein Prachtstück!«, rief sie. »Aber nein, Paul; ich bin edelmütiger als du; ich zeig`s dir nicht!«

Der Amtsrichter ließ sich das nicht anfechten; er brach ihr die nicht gar zu ernstlich geschlossenen Hände auseinander, während sie lachend über ihn wegschaute.

»Ein Hase!«, jubelte Harro, »er hat ein Kohlblatt zwischen den Vorderpfötchen!«

Frau Ellen nickte. »Freilich, er kommt auch eben aus des alten Kirchspielvogts Garten!«

»Harro, mein Junge«, sagte der Amtsrichter, indem er drohend den Finger gegen seine Frau erhob; »versprich mir, diesen Hasen zu verspeisen, damit er gründlich aus der Welt komme!«

Das versprach Harro.

Der Baum war voll, die Zweige bogen sich; die alte Margret stöhnte, sie könne die Leuchte nicht mehr halten, sie habe gar keine Arme mehr am Leibe.

Aber es gab wieder neue Arbeit. »Anzünden!«, kommandierte der Amtsrichter, und die klein und großen Weihnachtskinder standen mit heißen Gesichtern, kletterten auf Schemel und Stühle und ließen nicht ab, bis alle Kerzen angezündet waren.

Der Baum brannte, das Zimmer war von Duft und Glanz erfüllt, es war nun wirklich Weihnachten geworden.

Überraschung

**Keine Puppe will ich haben,
nein einen Honigkuchenmann!**

Puppen gehn mich gar nichts an. Was erfreun
mich kann und laben, ist ein Honigkuchenmann,
so ein Mann mit Leib und Kleid,
durch und durch von Süßigkeit. Stattlicher
als eine Puppe sieht ein Honigkerl sich an.
Eine ganze Puppengruppe mich nicht
so sehr erfreuen kann. Aber seh' ich dich
recht an, dauerst du mich, lieber Mann.
Denn du bist zum Tod erkoren –
bin ich dir auch noch so gut, ob du hast
ein Bein verloren, ob das andre weh dir tu:
»Armer Honigkuchenmann, hilft dir nichts,
du musst doch dran!«

Verfasser unbekannt

Zum Thema

Der Christ ist geboren, wenn das kein Grund zur Freude ist. Und diese Freude wollen wir mit unseren Liebsten teilen, denn geteilte Freud ist doppelte Freud. Also überlegen wir uns schon lange vor dem 24. Dezember, womit mir unsere Liebsten am besten erfreuen können. Wir organisieren und planen, basteln und bestellen, verstecken und geheimniskrämern. Die Liebsten tun es genauso und alle rätseln über die Gaben der anderen.
Und was für eine Überraschung!

Schaufel und Besen

von Luise Rinser

Wenn ich mich recht erinnere, war ich acht Jahre alt, also in einem Alter, in dem Kinder meiner Generation noch fest daran glaubten, dass Weihnachtsgeschenke ohne Umweg vom Christkind kämen, und wenn der kleine, halbwache Verstand anfing zu bemerken, dass auch die Eltern nicht unbeteiligt waren, so half er sich noch eine Weile mit der Unterscheidung zwischen ganz richtigen Christkindgeschenken und solchen von Eltern und aus Geschäften. Ich wollte ein ganz richtiges Geschenk. Da ich nicht wie andere Kinder das Christkind für eine Art Zauber hielt, sondern durchaus richtig für die weite göttliche Person, in Kindgestalt freilich, und da ich also füglich und richtig dieser Kindgestalt die gleiche göttliche Allwissenheit zuschrieb wie Gott dem Vater, so schien es mir überflüssig, sinnlos, ja häretisch (wenn ich auch dieses Wort noch nicht kannte, so doch die Sache), es erschien mir, wollte ich sagen, häretisch, diesem göttlich allwissenden Kinde meine Wünsche in einem Brief mitzuteilen, wie es üblich war. Ich ganz spirituell, ich dachte meinen Wunsch. Ich dachte ihn neunmal hintereinander heftig, dann ließ ichs darauf ankommen. Neunmal dachte ich ihn, weil die Zahl neun, drei mal drei, bei mir schon von je eine Rolle spielte. Aber was wünschte ich denn so heftig? Eine kleine Kehrschaufel mit einem Besen. Warum gerade das? Wer kann es wissen. Mir jedenfalls erschienen Schaufel und Besen für mein weiteres Leben unentbehrlich.

Der Heiligabend kam, Schaufel und Besen lagen nicht unter dem Christbaum. Ich gab nicht sofort auf, ich suchte und suchte, suchte unter dem Tisch, dem Sofa, im Nebenzimmer, vor dem Fenster. Die Eltern waren ratlos, dann ärgerlich, dann böse, denn ich schwieg, und meine Suche muss etwas Besessenes gehabt haben. Schließlich setzte ich mich auf einen Stuhl und blieb da sitzen, die Hände im Schoß, kerzengerade und stumm. Ich war gestorben, Weihnachten war gestorben. Die Eltern bedrängten mich immer stärker, und da dies mir lästig war und da mir ja nun ohnehin alles gleichgültig war, stand ich auf und begann, mit ihren Geschenken zu spielen. Ich wahrte Haltung, war stolz und spielte Stunde um Stunde mit den Spielsachen für ein richtiges Kind. Ein steinernes Kind tat, als spielte es, und täuschte die Eltern. Endlich war es Zeit, in die Mitternachtsmette zu gehen. Ich wurde warm verpuppt, bekam zwei runde, in *der Ofenröhre erhitzte Bachkiesel in die Manteltaschen und eine kleine Sturmlaterne in die Hand, und wir gingen zur Kirche. Wir lebten auf dem Land, zwischen Chiemsee und Gebirge. Es lag Schnee, damals lag an Weihnachten immer Schnee, schön funkelnder, knirschender Schnee. Von überallher, von weither kamen die Bauern mit Stalllaternen, schweigend, dampfend, mit großen Schritten, die Kinder voraus oder nebenher im Schnee, in den Taschen die Knallfrösche und bengalischen Zündhölzer für den Heimweg. Wer ist auf dem Dorf aufgewachsen und sehnt sich nicht sein Leben lang danach, noch einmal Kind zu sein, dort und für diese eine Nacht? Aber das Kind, das ich damals war, das war aus Stein. Es hatte Haltung, es ging brav zur Kirche, um pflichtgemäß jenes Kind anzubeten, dessen Allwissenheit oder Allmacht anzuzweifeln es allen Grund zu haben glaubte. In der Kirche war es schön wie immer an Weihnachten, das Schiff im Dunkel, die Krippe am Altar im Licht, und mein Vater spielte die Orgel zum Hochamt, es war eine sehr große und schöne Orgel, sie ist es heute noch, die Orgel in Übersee am Chiemsee. Aber all das zählte nicht. Ich kniete, steinern, ein Steinengel auf einem Kindergrab, eine gefährliche Stunde lang, die entscheiden konnte über ein ganzes Menschenleben. Wer konnte wissen, wie tief dieser erste echte Glaubenszweifel reichte? Das Amt ging zu Ende, und wie immer spielte mein Vater zum Auszug etwas von Bach. Damals war es eine große Fuge, das kannte die musikalische Kleine, denn sie spielte ja selbst längst Klavier und Harmonium. Sie horchte auf. Diese Musik stieß hart an den harten Stein. Der Stein aber wollte nicht aufgesprengt werden, er hielt sich trotzig. Aber die*

Musik ließ nicht nach, sie bohrte den Stein von allen Seiten an, drang zuletzt vor bis ins Herz des steinernen Engels. Er weinte nicht, so leicht weinte der nicht, aber er ergab sich, anders ist es nicht zu sagen. Und da, unerwartet einbrechend durch alle Schmerzkanäle, kam Weihnachten. Alles war plötzlich da: Kerzen, die Krippe, das Kind im Stall, Sterne, groß und hart funkelnd vor den Spitzbogenfenstern, und »Stille Nacht, heilige Nacht«, alle Süßigkeit, Weihnacht unverletzt, und mitten darin, zu einem Nichts aus Licht geworden, der Schmerz um Schaufel und Besen, der kein Schmerz mehr war, nur mehr eine flüchtige Erinnerung und der ebenso flüchtige Einfall, dass ich ja Tante Fanny bitten konnte, mir Schaufel und Besen zu kaufen, wenn, ja wenn mir der Sinn noch danach stehen sollte nach dieser Nacht, in der ich Schaufel und Besen überwachsen hatte.

21 Verwandte

M N O P R S T U V W X Z

Am Weihnachtsbaum
die Lichter brennen

Die Kinder stehn mit hellen Blicken,
das Auge lacht, es lacht das Herz;
o fröhlich seliges Entzücken!
Die Alten schauen himmelwärts.

»Gesegnet seid, ihr alten Leute,
gesegnet sei, du kleine Schar!
Wir bringen Gottes Segen heute
dem braunen wie dem weißen Haar.«

Hermann Kletke

Verwandte

Zum Thema

Weihnachten ist das Fest der Liebe und des Friedens, des Lichts und der Freude! Und der Langeweile und der Familie? Natürlich stöhnen im Vorfeld erst einmal alle, natürlich wollen sich junge Leute ihren Onkeln und Tanten, Cousinen und Cousins und mitunter auch ihren Omas und Opas entziehen, und die Erwachsenen fürchten sich vor dem Feiertagstourismus, den Staus und den Vorbereitungen. Aber dann kommen doch Wahl- und Blutsverwandschaft bei Keksen und Kerzenlicht zusammen. Es wird gebetet und gesungen, gelacht und geweint, gegessen und getrunken, gestritten und geteilt, geruht und gespielt und am Ende war es doch wieder einmal viel schöner als gedacht.

Großmutters Weihnacht

von Pearl S. Buck

»Nein«, sagte ihre Tochter bestimmt. »Dieses Jahr feiern wir einfach Weihnachten nicht.« Mrs. Carteret blickte von ihrer Stickerei auf. »Kein Weihnachten?« »Nein!« Daphnes Gesicht wirkte entschlossen.

»Und warum nicht?«, fragte Mrs. Carteret sanft und fädelte rotes Garn in die Nadel. Sie arbeitete an einem komplizierten Muster mit Blumen und Früchten, und jetzt war gerade eine Stechpalmenbeere dran, der letzte Akzent an einem Sofakissenbezug. Das Kissen war für Daphne, ihre einzige Tochter, und beide wussten sie dies, sprachen aber nicht darüber. So kurz vor Weihnachten wäre es ungehörig gewesen, Fragen über eine Arbeit zu stellen, an der man gerade saß.

»Weihnachten ist einfach zu sehr zu einem kommerziellen Rummel geworden. Die Kinder denken an nichts anderes, als was sie sich zu Weihnachten wünschen können, und jedes Jahr wird es schlimmer. Und überall dröhnen einem die Weihnachtslieder entgegen, und die Geschäfte sind gerammelt voll ...«

Mrs. Carteret war es gelungen, das Garn einzufädeln. Sie unterbrach, in milde Erinnerungen versunken: »Ich erinnere mich, wie wir, als ich noch ein Kind war, in der Dämmerung von jungen Leuten geweckt wurden, die Weihnachtslieder sangen. ›Oh Bethlehem, du kleine Stadt‹ – es war so schön und lieb.«

»Daran erinnere ich mich nicht, natürlich nicht«, sagte Daphne, »aber ich weiß noch, wie wir hier am Heiligen Abend die alten Lieder gesungen

haben, während der Baum geschmückt wurde. Papa spielte dazu Klavier – weißt du noch?«

»Ach ja«, sagte Mrs. Carteret zärtlich. »Er spielte Lieder so gern. Monatelang war er zu beschäftigt und rührte das Klavier nicht an, aber am Heiligen Abend ...« Sie unterbrach sich und tastete nach dem Taschentuch in ihrem Gürtel.

Daphne stand energisch auf. »Es ist mehr als bloße Erinnerung. Das ganze Land hat sich verändert. Die Leute sind anders. Wir haben nicht mehr die gleichen Wertvorstellungen. Und deshalb ...« Sie beugte sich vor, um die Mutter zu küssen. »Fahren wir doch in den Süden und suchen uns einen Strand und schwimmen und segeln – und lassen Weihnachten ganz einfach vorbeigehen, ohne daran zu denken. Dave ist auch einverstanden. Er sagt, er freut sich, wenn er mal im Januar nicht in einer Lawine von Rechnungen für Weihnachtsgeschenke ertrinkt. Er sagt, für ihn wäre das mal ein richtiges Weihnachten – wenn er keine Rechnungen bezahlen muss!«

»Der arme Dave«, bemerkte Mrs. Carteret. »Er arbeitet so schwer. Wiedersehen Liebes. Wann fahrt ihr denn?«

»Drei Tage vor Weihnachten. Das wäre dann – Montag. Willst du nicht am Sonntag zum Abendessen zu uns kommen? Außer natürlich, du kommst mit. Ach, fahr doch mit uns, Mutter!«

»Kann ich nicht«, sagte Mrs. Carteret, »ich käme mir komisch vor, wenn ich zu Weihnachten nicht hier in meinem Haus wäre.«

»Aber wir können dich doch zu Weihnachten nicht allein lassen!«, meinte Daphne hartnäckig. Mrs. Carteret lachte. »Ich dachte, es gibt diesmal kein Weihnachten!« »Ach, du weißt schon, was ich meine«, sagte Daphne laut. Mrs. Carteret

riss die Augen weit auf und spielte die Erstaunte. »Aber du hast doch gesagt ...« »Ach, stell dich nicht so an, Mutter!«

»Nein, Liebes. Ich werde Weihnachten in diesem Jahr eben einfach auch vergessen. Es wäre sowieso kein Weihnachten, wenn ihr nicht alle hier seid. Ich werde mich einfach an dem Tag ganz friedlich ausruhen. Sarah wird mal vorbeischauen und sich um mich kümmern. Ja, ich weiß, am Weihnachtstag kommt sie nicht zur Arbeit, aber sie kommt bestimmt vorbei, mir zu helfen. Ich komm' am Sonntag zum Dinner, bevor ihr abfahrt.«

Die Woche vor Weihnachten glitt an ihr vorbei. Sie beendete ihre Geschenke unter Druck, wie das immer der Fall war, und wickelte sie in leuchtend buntes Papier. Die Geschenke, für die paar engen Freunde, die sie hatte, wurden per Post oder durch Boten geschickt, und dann verpackte sie aus Gewohnheit die Sachen, die sie für ihre Familie angefertigt hatte: warme, rote Schals für Dave und Peter, den Kissenbezug für Daphne und den ärmellosen Pullover in altrosa für Dora. Das Kind hatte genau die dunklen Augen wie Dave, und Rosa war die richtige Farbe für sie. Sie wählte das Papier sorgfältig aus, rote und goldene Streifen für die Männer und Blumen für die Madchen. [...]

Und dann bemerkte sie es: Es fing an zu schneien! Sie rief: »Es fängt an zu schneien, Sarah! Wir kriegen eine weiße Weihnacht.«

Sarah kam vom Flur herein, wo sie beim Abstauben war. In der Hand hielt sie das Staubtuch. »Die Kinder werden sich freuen – weiße Weihnachten! Ich sag' ja immer, es is' kein richtiges Weihnachten ohne Schnee. Ihre Geschenke auf'm Tisch sehen *aber wirklich hübsch aus, Mrs. Carteret. Ich hab' ja nich' wirklich geglaubt, dass Sie Ihre Stickerei fertig kriegen. So 'ne Menge winziger Blumen!«*

Der Schnee fiel nun dichter und heftiger. Nein, sie würde Sarah nichts davon sagen, dass zu Weihnachten niemand außer ihr selbst hier sein würde – sie ganz allein, zum ersten Mal ganz allein am Weihnachtstag! Wenn sie das Sarah sagen würde, würde sie ihr nur gleichfalls den Tag verderben.

Und dann war es Weihnachten. [...] Sarah war früh aufgestanden, wie sie dies stets zu Weihnachten tat, um zum Frühstück bei der Familie ihres Sohnes, einen Häuserblock weit weg, zu erscheinen.

»Und Sie haben wirklich nichts dagegen, Mrs. Carteret?«, pflegte sie jeweils am Abend zuvor zu fragen.

»Aber natürlich nicht«, antwortete sie stets. »Sie kommen nach dem Frühstück mit den Kindern, und dann gibt's den Baum, und dann sind sie den ganzen Tag über hier. Ich mache mir mein Frühstück natürlich selber.«

Gut, sie würde sich ihr Frühstück natürlich selber machen. Und sie würde einen Christbaum haben. Ja, sie war entschlossen, einen Baum zu haben. Sie konnte es einfach nicht ertragen, ein Weihnachten ohne Baum zu feiern. Sie hatte ihn am Abend zuvor selbst geschmückt, wie sie dies stets am heiligen Abend getan hatte. [...] Doch heute würde sie nicht wie üblich mit ihnen – mit Dave und Daphne – für den Rest des Tages nach Hause gehen, nachdem ihre Geschenke hier ausgepackt und freudig begrüßt worden waren.

»Es ist herrlich in Florida«, hatte Daphne am Telefon gesagt. »Blauer Himmel, blaues Wasser – die Kinder, du kannst dir gar nicht vorstellen, wie sie das genießen!«

Jeden Tag verkündete sie am Telefon derartige Neuigkeiten: blauer Himmel, blaues Wasser, warme Sonne – und sie saß hier ganz allein, und der Schnee wuchs zu Haufen an. »Hör' auf, dich zu bemitleiden«, sagte sie laut und streng. »Denk daran, du hattest die Gelegenheit, mit ihnen zu fahren, aber du hast das ja abgelehnt!«
»Aber wenn ich mitgefahren wäre«, gab ihr Herz zurück, »dann hätte es überhaupt kein Weihnachten gegeben – gar keins!« Sie kletterte energisch aus dem Bett. Wenn es überhaupt so etwas wie Weihnachten geben sollte, dann musste sie wohl aufstehen und sich darum kümmern.
[...] Die Tür zum Wohnzimmer war geschlossen. So wollte es die traditionelle Regel. Es war nicht anständig, diese Tür aufzumachen, ehe die ganze Familie versammelt war. Sie stand immer in dem mit Stechpalmenzweigen geschmückten Flur, auch dort war die Tür geschlossen, und wenn das Klopfen an der Haustür ertönte, öffnete sie, und da standen sie und hatten die Arme voll von den Geschenken für sie. Nur, heute morgen würde es natürlich kein Klopfen geben, keine Tür, die aufgemacht wurde, keine Familie, die, mit Geschenken bepackt, draußen wartete. Sie aß immer zögernder. Sie trank eine zweite Tasse Kaffee, was außergewöhnlich war. Früher oder später würde sie dann die Tür zum Wohnzimmer öffnen. [...] Alles kam, wie sie es geplant hatte. Sie kam sich schon beinahe tapfer vor, als sie in den Flur ging und die Kerzen am Baum anzündete. Und dann – oh dann, gerade als sie die Hand auf die Klinke der Wohnzimmertür legte, vernahm sie ein lautes Pochen an der großen Haustür, das gleiche ungeduldige Klopfen, das sie stets am Morgen des Weihnachtstages gehört hatte. Ihre

Hand sank von der Klinke, sie träumte wohl! Sie waren doch alle ganz weit fort! Wieder das Pochen – noch ungeduldiger – und wieder.

Sie ging an die Haustür, zögerte aber dann. Angenommen, irgendwer – irgendein böser Mensch – wusste, sie war allein! Sie zögerte, bis ein weiteres Pochen kam. Dann öffnete sie furchtsam die Tür einen Spalt weit, vier, fünf Zentimeter – und dann riss sie sie ganz weit auf und breitete plötzlich die Arme aus. Da standen sie: Da standen ihre Kinder, und ihre Enkel, alle standen sie da und hatten die Arme voller Geschenke wie immer!

Sie lachte und die Tränen liefen ihr über die Wangen hinab, während sie tat, als wollte sie schelten.

»Was wollt ihr denn hier? Wieso seid ihr denn schon zurück? Ich habe gar nicht damit gerechnet – ich verstehe gar nicht, wieso ...«

Die Kinder torkelten herein, ließen ihre Päckchen fallen und reckten sich, um sie zu umarmen.

Dave lächelte schweigend. Seine Augen waren feucht. Nur Daphne war wie stets: praktisch und unsentimental. Sie küsste die Mutter auf beide Wangen.

»Es hat keinen Sinn, Mutter. Wir schaffen es eben nicht ohne Weihnachten. Und zum Teufel mit dem Geschäftsrummel dabei! Für uns ist Weihnachten eben kein Quatsch. Es ist das, was wir daraus machen – was wir immer daraus gemacht haben. Und deshalb haben wir schnell unsere Koffer gepackt und sind wieder nach Hause gekommen.« [...]

22 Weihnachten

Zum Thema

Am 25. Dezember, dem Weihnachtstag, wurde der Überlieferung nach Gottes Sohn in Bethlehem in einem Stall geboren, doch eigentlich ist dieses Datum nirgendwo historisch belegt. Wieso feiern also jedes Jahr die Christen dieser Welt die Geburt Jesu ausgerechnet an diesem Tag? Allgemein wird angenommen, dass sich das Datum auf das Geburtsfest des damals in Rom sehr beliebten Sonnengottes (Lateinisch: Sol invictus) bezieht. Möglicherweise haben die Christen es aufgrund eines Prophetenwortes übernommen, das den Erlöser als »Sonne der Gerechtigkeit« bezeichnet (Mal 3, 20). Die junge christliche Kirche hatte gegenüber der mächtigen römischen Priesterschaft immer noch einen schweren Stand und brauchte einen Feiertag, der sie stärker in Bewusstsein der Menschen rückte.

Im Laufe der Zeit verlagerte sich die eigentliche Weihnachtsfeier immer mehr auf den Heiligen Abend, den Vorabend des Weihnachtstages. Die

M N O P R S T U V W X Z

Feier bekam zusätzlich einen neuen Aspekt: die Bescherung. Während zur Zeit der Verbreitung von Weihnachten im christlichen Abendland der Glaube an das Geschenk, das Gott den Menschen in seinem Sohn machte, noch stärker im Vordergrund stand, ist Weihnachten heute vor allem auch ein Fest des Schenkens untereinander. Besonders Kinder fiebern den Paketen unter dem Weihnachtsbaum schon Wochen vorher entgegen.
Die Bezeichnung »Weihnacht« stammt aus dem Mittelhochdeutschen »ze wihen nahten« (Hochdeutsch: in den heiligen Nächten) und wird der Überlieferung nach seit dem 12. Jahrhundert verwendet. Damit wurde der Begriff »Fest der heiligen Geburt« abgelöst, der in romanisch sprechenden Ländern auch heute noch üblich ist.

Die lustige Weihnacht

Heute tanzen alle Sterne
Und der Mond ist blank geputzt.
Petrus in der Himmelsferne
Hat sich seinen Bart gestutzt.

Überall erklingt Geläute,
Fröhlich schmückt sich Groß und Klein
Und die Heiligen tragen heute
Ihren Sonntags-Heiligenschein.

Es ertönen tausend Flöten,
Tausend Kerzen geben Glanz.

Und die würdigen Kometen
Wedeln lustig mit dem Schwanz.

Hinterm Zaun im Paradiese,
Gar nicht weit vom Himmelstor,
Musiziert auf einer Wiese
Auch der Engelskinderchor.

Ihre roten Tröpfelnasen
Putzen sich die Kleinen schnell
Und dann singen sie und blasen
Auf Fanfaren, silberhell.

Jedes Jahr um diese Stunde
Singen sie nach altem Brauch.
Alle Sterne in der Runde
Lauschen – und die Menschen auch.

Manchmal aber, leise, leise,
Wird der Chor der Engel stumm
Und im ganzen Erdenkreise
Geht ein sanftes Flüstern um.

Dann erscheinen sieben Schimmel,
Zärtlich ruft es: »Hüh und hott!«
Und gemächlich durch den Himmel
Fährt daher der liebe Gott.

Da verstummen alle Lieder,
Und die Engel machen fix
Mit gefaltetem Gefieder
Vor dem Herrgott einen Knicks.

Alle goldnen Sternenherden
Drehn sich still dazu im Tanz.
Um im Himmel wie auf Erden
Leuchtet Weihnachtskerzenglanz!

James Krüss

Jesu Geburt

(Bibel, Lukas 2)

Es begab sich aber zu der Zeit, daß ein Gebot von dem Kaiser Augustus ausging, daß alle Welt geschätzt würde. Und diese Schätzung war die allererste und geschah zur Zeit, da Quirinius Statthalter in Syrien war. Und jedermann ging, daß er sich schätzen ließe, ein jeder in seine Stadt. Da machte sich auf auch Josef aus Galiläa, aus der Stadt Nazareth, in das jüdische Land zur Stadt Davids, die da heißt Bethlehem, weil er aus dem Hause und Geschlechte Davids war, damit er sich schätzen ließe mit Maria, seinem vertrauten Weibe, die war schwanger. Und als sie dort waren, kam die Zeit, daß sie gebären sollte. Und sie gebar ihren ersten Sohn und wickelte ihn in Windeln und legte ihn in eine Krippe: denn sie hatten sonst keinen Raum in der Herberge.

Und es waren Hirten in derselben Gegend auf dem Felde bei den Hürden, die hüteten des Nachts ihre Herde. Und der Engel des Herrn trat zu ihnen, und die Klarheit des Herrn leuchtete um sie: und sie fürchteten sich sehr. Und der Engel sprach zu ihnen: Fürchtet euch nicht! Siehe, ich verkünde euch große Freude, die allem Volk widerfahren wird; denn euch ist heute der Heiland geboren, welcher ist Christus, der Herr, in der Stadt Davids. Und das habt zum Zeichen: ihr werdet finden das Kind in Windeln gewickelt und in einer Krippe liegen. Und alsbald war da bei dem Engel die Menge der himmlischen Heerscharen, die lobten Gott und sprachen: Ehre sei Gott in der Höhe und Friede auf Erden bei den Menschen seines Wohlgefallen.

Und als die Engel von ihnen gen Himmel fuhren, sprachen die Hirten untereinander: Laßt uns nun gehen nach Bethlehem und die Geschichte sehen, die da geschehen ist, die uns der Herr kundgetan hat. Und sie kamen eilend und fanden beide, Maria und Josef, dazu das Kind in der Krippe liegen. Als sie es aber gesehen hatten, breiteten sie das Wort aus, das zu ihnen von diesem Kinde gesagt war. Und alle, vor die es kam, wunderten sich über das, was ihnen die Hirten gesagt hatten. Maria aber behielt alle diese Worte und bewegte sie in ihrem Herzen. Und die Hirten kehrten wieder um, priesen und lobten Gott für alles, was sie gehört und gesehen hatten, wie denn zu ihnen gesagt war.

Und da acht Tage um waren und man das Kind beschneiden mußte, gab man ihm den Namen Jesus, wie er genannt war von dem Engel, ehe denn er im Mutterleibe empfangen ward.

Xmas

Zum Thema

Das »x« als Kürzel für »Christ« zu gebrauchen, gilt heute als ungeliebter Amerikanismus. Aber Kürzel für Jesus Christus gab es durch alle Zeiten reichlich. Mal aus Gründen der Vertuschung und Geheimhaltung, mal – wie in unserem Fall auch – um Schreibkraft zu sparen. Das uns bekannte IHS für IESUS HOMINUM SALVATOR ist ein solches Kürzel, das der Heiland, der Menschenretter, der Seligmacher bedeutet. Auch im Lateinischen wurden Kürzel für Jesus und Christus verwandt, die ins Alt- und Mittelhochdeutsche übernommen wurden. Nur weil das »x« uns neu erscheint, ist es also als Medium längst nichts Neues, nur anders in seiner Form.

We wish you a Merry Christmas

We wish you a Merry Christmas
We wish you a Merry Christmas
We wish you a Merry Christmas
and a Happy New Year.

Once in the year
It's not for t'miss
To visit our neighbours
And sing out like this.

We wish you a Merry Christmas
We wish you a Merry Christmas
We wish you a Merry Christmas
and a Happy New Year.

Of friendship and love
Good neighbours around
And peace and goodwill
the whole year around.

We wish you a Merry Christmas
We wish you a Merry Christmas
We wish you a Merry Christmas
and a Happy New Year.

Eine andere Weihnachtsgeschichte

von Heinrich Albertz

Es muss 1951 gewesen sein. Wir hatten ein Haus in einem Vorort von Hannover bezogen. Ein wahrer Glücksfall, sechs Jahre nach der Flucht aus Schlesien nun ein Haus, mit einem großen Garten, eigenen Zimmern für die Kinder, unvorstellbar nach der Enge zuvor. Und es war Weihnachten. Der Morgen des Heiligen Abends, für die Kinder die Stunde der größten Ungeduld, für die Frau die Hetze letzter Vorbereitungen für das große Fest.

Sie musste noch einmal in die Stadt. Da lag frierend und mit bettelnden Augen ein völlig verhungerter junger Hund vor der Haustür. Er möchte ins Haus, fressen und trinken. Er wird eingelassen und bekommt, was er will, gierig, völlig verhungert stürzt er sich auf den Fressnapf, umringt von den Kindern. Sie wollen ihn behalten. Aber nun – zu drei Menschenkindern noch einen Hund, und noch dazu dieser, verdreckt, eine Mischung aus Terrier und Pudel – wem war er entlaufen? Außerdem muss meine Frau in die Stadt.

So wird er wieder hinausgeführt. Aber er läuft mit, immer hinter der Frau, als gehöre er schon dazu, bis zur Haltestelle. Die Straßenbahn kommt, er will mit einsteigen. Er darf nicht. Er bleibt zurück, ein Häufchen Elend, frierend und schmutzig.

Meine Frau ist wohl eine kleine Stunde in der Stadt geblieben. Aber als sie – zurück mit den letzten Einkäufen – wieder aussteigt, sieht sie ihn wieder. Er hat diese Stunde gewartet, auf seine letzte Hoffnung: Dass er aufgenommen würde ins Warme und Menschliche. So kommen sie beide zusammen wieder an, jubelnd von den Kindern begrüßt. Der Vater wird gefragt: Ja, am Heiligen Abend müssen wir ihn wohl aufnehmen. Im Stall von Bethlehem ist er immer wieder zu sehen. Er sieht dem kleinen Heimatlosen sehr ähnlich.

So ist er geblieben. Er blieb 14 Jahre. Er war ein treuer Hund. Er zog mit uns nach Berlin und wurde der unbestrittene Herr ganzer Straßen in Lichterfelde. Er zeugte unzählige Kinder. Noch heute sind sie in Enkeln und Urenkeln zu erkennen, schwarzweiß, sehr preußisch. Er kämpfte mit allen Artgenossen, todesmutig. Er wartete Stunden vor den Gartentoren läufiger Hündinnen und fror einmal beinahe im Eise an. Er war Liebling und Held, sehr robust, fast ordinär, aber zuverlässig und uns allen unbeirrbar zugetan. Er starb 1965. Er hieß Fips.

Wäre es nun nicht der Heilige Abend gewesen, damals in Westerfeld, hätten wir ihn je geschenkt bekommen?

24 Zimtsterne

Zimt

Ein seltsamer Zauber geht aus
von diesem uralten Gewürz,
ein schwerer, warmer, herbsüßer Duft,
vertraut und aufregend zugleich.
Erinnerungen werden wach und
die Sehnsucht nach fernen Ländern …

Zum Thema

Zimt ist das Weihnachtsgewürz schlechthin; sein Duft und sein Geschmack begleiten uns durch die ganze Weihnachtszeit und meistens ist es das Element, an das wir uns bis in früheste Kindheitstage zurück erinnern.
Seine Anwendungspalette ist reich und bunt, denn er schmeckt und riecht nicht nur gut, er ist auch noch dekorativ und heilsam. Natürlich finden wir ihn in zahlreichen Gebäcksorten wie Apfelstrudel, Heißgetränken wie Punsch, aber auch in Hauptgerichten an Lamm, Geflügel, Fischsuds und Gewürzmischungen wie sie z. B. in der chinesischen Küche verwendet werden. Wir

finden ihn in ätherischen Ölen zum Einatmen und Einreiben, in Aufgüssen und Tees, Gesundheitsspeisen und sogar pur als Medizin. Und letztlich finden wir ihn in Arrangements und Gestecken, Sträußen und Kränzen.
Es gibt unterschiedliche Zimtsorten; die bekanntesten sind der Padang- und der Kassia-Zimt aus China, die es schon vor 4.500 Jahren gab und deren Aroma eher herb bis bitter ist. Hierzulande wird das mildere, süßlichere Aroma des Ceylon Zimtes bevorzugt, der im 16. Jahrhundert von den Portugiesen »entdeckt« und im 18. Jahrhundert von den Holländern zu kleinen, immergrünen Sträuchern kultiviert wurde, die nach wie vor auf Sri Lanka, Mauritius, Madagaskar und Malaysia angebaut werden.
Der Zimtstern nun ist die Herausforderung schlechthin für jeden Weihnachtsbäcker und saftige Zimtsterne lassen den wahren Meister erkennen. Denn wer zählt nicht den steinharten Zimtstern zu seinen Weihnachtserinnerungen, der ja auch seinen Reiz haben kann. Gedacht aber ist der Zimtstern knackig und saftig, und um dies zu erreichen, existieren Geheimrezepturen des Teiges, Tipps des Frischhaltens und Tricks des Aufbewahrens.

Zimtsterne (ca. 50 Stück)

Zutaten

3 Eier
250 g Puderzucker
350 g gemahlene Mandeln
1 1/2 Esslöffel Zimt
1/2 Esslöffel Zitronensaft
1 Prise Salz

Zubereitung

3 Eiweiß
1 Prise Salz
in einer Schüssel steif schlagen
250 g Puderzucker
beigeben, mischen und davon
1 dl als Eiweißglasur
1 1/2 Esslöffel Zimt
1/2 Esslöffel Zitronensaft
350 g Madeln dazugeben und zu einem Teig zusammenfügen.

Den Teig 7 mm dick auswallen, Sterne ausstechen und aufs vorbereitete Blech legen. Mit der beiseite gestellten Eiweißglasur bestreichen und bei Zimmertemperatur über Nacht trocknen lassen und in den vorgeheizten Ofen schieben.

Backform Backblech mit Backpapier auslegen und gut bebuttern.

Backzeit 3–5 Minuten auf mittlerer Rille bei 250 Grad.

Ein ganz besonderes Sternchen

von Susanne Poltrock

Als das Wünschen noch Wunder wirkte, gab es ein Sternchen, das wollte etwas Besonderes sein. Alle seine Freunde waren etwas Besonderes, der eine war eine Sternschnuppe, der andere der Polarstern und noch einer war der Stern von Bethlehem. Deshalb stieg das Sternchen hinab vom endlos weiten, dunklen Firmament zur Erde, denn es hatte gehört, das man auf dem kleinen, blauen Planeten alles finden konnte, was man brauchte, um etwas Besonderes zu werden.

Natürlich fiel das Sternchen zuerst ins Meer, denn davon gibt es auf der Erde am meisten. Zunächst fühlte es sich auch sehr wohl und dachte: «Hier ist es ja wie zu Hause: endlos und kühl, nur dass es blau statt dunkel ist!«, aber dann wurde es, angestrengt von der langen Reise und dem Auf und Ab der Wellen, doch schneller müde als gedacht und drohte zu versinken. Da umkreiste das Sternchen plötzlich ein Schwarm neugieriger Fische. Sie waren sehr lustig und hilfsbereit und deshalb hatte es auch gar keine Angst vor ihnen. Sie stupsten das Sternchen mit ihren runden Schnauzen von einem zum anderen und stellten sich ihm vor. Sie seien Delphine, also Säugetiere und keine Fische, sie hätten es treiben sehen und gedacht, es kenne sich bestimmt nicht aus und außerdem hätte es so müde ausgesehen und das sei für ein Sternchen ja nicht ganz ungefährlich, da seien sie hergeschwommen, um zu sehen, ob sie helfen könnten. Das Sternchen war ihnen sehr dankbar und erzählte von seiner Mission und es fragte sie, ob sie ihm sagen könnten, was etwas Besonderes aus ihm mache. Die Del-

phine schlugen ihm vor, es solle sich erst einmal ausruhen und ein Nickerchen auf ihren Rücken machen und bis es wieder wach sei, wäre ihnen bestimmt etwas eingefallen. Und so hielten sie es.

Als das Sternchen erwachte, begrüßten sie es lachend und berichteten ihm, sie hätten einen Einfall gehabt und seien nun auf dem Weg zu einer Überraschung. Das Sternchen war denn auch sehr aufgeregt als sie das geheime Ziel erreichten.

»Vielleicht möchtest du einer von diesen werden, Sternchen?«, fragte ihn ein Delphin und das Sternchen war sprach- und atemlos vor Staunen: da lagen auf einem Felsen im Meer ein Haufen Seesterne! Hui, die waren hübsch, so goldig, etwas stachelig, und manche hatten eine rote Mitte. Ja, das war schon nicht schlecht, aber es stellte sich heraus, dass sie das Meer, die Klippen und Korallen brauchten und das war für unser Sternchen nicht möglich, denn es wollte ja wieder zurück nach Hause ans Firmament. Also verabschiedete es sich von seinen Meeresverwandten, nachdem es ein Weilchen mit ihnen geplauscht und viel von ihnen erfahren und gelernt hatte und reiste weiter auf den Rücken seiner Freunde, den Delphinen.

»Liebe Freunde, gibt es denn auch noch etwas anderes hier als Wasser?« »Aber ja, wir können dich an die Küste bringen und da kannst du an Land gehen und dort nach deinem Glück suchen.« So kam es.

An Land angekommen, verabschiedeten sich Sternchen und Delphine innig voneinander und das Sternchen machte sich auf den Weg durchs Land. Es durchstreifte den Strand, die Stadt und den Wald, es traf auf viele interessante Dinge, hörte unglaubliche Geschichten und erlebte einige Abenteuer bis es einen Garten erreichte. Ein Gärtner war ganz versunken in seine Arbeit, dünne, korkige Ästchen von niedrigen Sträuchern zu schneiden und summte dabei ein Liedchen. Das besah sich das Sternchen eine Weile, dann sprach es den Gärtner vorsichtig an, denn es wollte ihn nicht erschrecken.

»Hallo, Gärtner, sag, was machst du da?«

»Oh, dich hatte ich ja gar nicht bemerkt, Sternchen. Ich ernte Zimt. Weißt du, was das ist?« Das Sternchen musste diese Frage verneinen, denn es hatte keine Ahnung.

»Nun, dann will ich es dir sagen. Was tust du, wenn du traurig bist?« »Ich weine.«

»Genau. Und was tust du, wenn du fröhlich bist?«

»Na, ich lache.«

»Jawohl, und wenn du wütend bist, schimpfst du und wenn du verliebt bist, schwebst du und so weiter und so fort. Das alles sind Gefühle und sie sind die Würze des Lebens.

So auch der Zimt. Durch ihn werden Speisen und Getränke erst zu einem Genuss, weil er ihnen das gewisse Etwas verleiht, das sie zu etwas Besonderem werden lässt. Aber so wie Tränen und Lachen Wunden heilen, heilt auch der Zimt und es gibt viele Tees und Öle, in denen er seine wärmende, anregende Wirkung entfaltet. Und schließlich gibt es ein ganzes Fest, das ohne ihn um seine Sinnlichkeit betrogen wäre; es ist das Fest der Heiligen Geburt. Davon hast du doch schon gehört, kleiner Stern, oder?«

Da nickte das Sternchen und es wusste genau, was der Gärtner meinte, denn die Englein hatten den Sternen viel davon erzählt und sein Freund, der Stern von Bethlehem war ja selbst dabei gewesen.

»Ja, siehst du, Weihnachten, wenn die Erde still und friedlich werden soll, wenn alle satt und glücklich *sein sollen und dem Heiligen Kind gedenken, riecht nach Zimt! Nicht nur Speisen und Getränke werden mit Zimt veredelt, auch die immergrünen Sträuße werden mit Zimtstangen geschmückt und überall duftet es herrlich nach Zimt. Das ist der Zimt und ich ernte ihn, denn bald ist es wieder so weit und wir feiern das Heilige Fest.«*

Da wusste das Sternchen genau, wonach es gesucht hatte und es bat den Gärtner um ein wenig des kostbaren Gewürzes und machte sich damit auf zu einem Fachmann. Dieser war begeistert von der Idee und begab sich so gleich an die Arbeit. Nicht lang, da duftete es aus der Backstube heraus so herrlich durch das ganze Dorf, dass alle, die konnten, gelaufen kamen, zu schauen, was der Bäcker da vollbracht hatte.

Das war die Geburt des Zimtsterns und so ausgestattet, kehrte unser Stern nun gern an das Firmament zu seinen Freunden zurück und wurde von ihnen bestaunt und beglückwünscht.

Der Bäcker aber hat das Rezept behalten, wie aus dem Gewürz des Lebens und dem himmlischen Element der Sterne etwas ganz Besonderes wurde und deshalb dürfen wir alljährlich zu Weihnachten davon kosten.